Pilule : défaire l'évidence

Alexandra
Roux

ÉDITIONS DE LA MAISON
DES SCIENCES DE L'HOMME

Pilule :
défaire
l'évidence

La collection interventions est dirigée par
Pamina Guyot-Sionnest

La production scientifique peut contribuer à éclairer les préoccupations de nos concitoyen·nes, les aider à s'orienter, répondre à leurs attentes intellectuelles, à leur curiosité. Ceci est particulièrement vrai lorsqu'il s'agit de sciences humaines et sociales. La collection « interventions » propose des ouvrages rigoureux, exigeants, reposant sur des connaissances sérieusement éprouvées. Des ouvrages rédigés dans un langage accessible et soucieux, bien au-delà de la seule vulgarisation, de faire progresser le débat public.

Relecture : Évelyne Séguy
Ce livre suit la graphie préconisée par les Rectifications de l'orthographe de 1990.
Conception graphique : Juliette Gouret

Contact : pguyot@msh-paris.fr

octobre 2022
issn 2269-7144
isbn 978-2-7351-2897-6

À toutes les personnes qui ont
permis à ce livre d'advenir
et qui je l'espère se reconnaitront.

Abréviations

AMM Autorisation de mise sur le marché

ANAES Agence nationale d'accréditation et d'évaluation en santé (devient HAS)

ANCIC Association nationale des centres d'IVG et de contraception

AVC Accident vasculaire cérébral

BIUM Bibliothèque interuniversitaire de médecine

CES Certificat d'études spécialisées

DES Diplôme d'études spécialisées

DIU Dispositif intra-utérin

FDA Food and Drugs Administration

HAS Haute autorité de santé

INED Institut national d'études démographiques

INPES Institut national de prévention et d'éducation à la santé

INSERM Institut national de la santé et de la recherche médicale

IPPF International Planned Parenthood Federation

IVG Interruption volontaire de grossesse

MFPF Mouvement français pour le planning familial

MLAC Mouvement pour la liberté de l'avortement et de la contraception

MLF Mouvement de libération des femmes

OMS Organisation mondiale de la santé

Dans tout le livre, les citations d'entretiens réalisés avec des médecins et des expert·es sont anonymisées. Une lettre a été attribuée à chaque expert·e par ordre d'apparition dans le texte (A, B, C...), précédée de la mention « docteur·e ».

Introduction

«Aussi bizarre que ça puisse vous paraitre, je pense que les Français ont choisi la pilule par amour des femmes.»

Docteur A, gynécologue médical
et endocrinologue en libéral

«Il y a environ quarante ans, des hordes de pilules contraceptives envahissent la terre! Une vraie révolution.»

Henri et Nina, «De l'info au
planning familial», *Le Soir*, 21 mars 2006

Pour la première fois en 1960, la pilule est mise en vente et prescrite aux États-Unis comme médicament contraceptif. Rapidement, elle est commercialisée dans de nombreux pays (Allemagne, Royaume-Uni, Pays-Bas, Australie), jusqu'à devenir la méthode contraceptive la plus utilisée dans plusieurs parties du monde. C'est le cas aujourd'hui en France, où plus de la moitié des femmes en couple hétérosexuel qui ont recours à la contraception prennent la pilule[1].

1 Le Guen M. *et al.*, «Cinquante ans de contraception légale en France: diffusion, médicalisation, féminisation», *Population & sociétés* 549, 2017, p. 1-4.

Lorsqu'il s'agit d'évoquer la pilule dans les médias, celle-ci est couramment dépeinte comme une « révolution » qui a changé la vie des femmes[2]. Ainsi, selon plusieurs articles publiés à l'occasion des 50 ans du médicament, « l'invention de la contraception orale » aurait « bouleversé la vie des femmes, en les libérant des grossesses non désirées et de leurs conséquences sur leur santé », de sorte qu'elles n'auraient plus à redouter des avortements « plus ou moins barbares ». La pilule aurait ainsi modifié en profondeur les rapports de force entre hommes et femmes[3].

Ces récits apologétiques contruisent un mythe de la pilule comme révolution féministe. Un premier élément de ce mythe est l'origine nord-américaine de la pilule : elle serait née à la fois de la quête de l'infirmière et militante Margaret Sanger d'un contraceptif simple, efficace et peu cher, du soutien financier de la biologiste et riche héritière Katharine McCormick, mais aussi de la persévérance scientifique du chercheur en biologie Gregory Pincus et du gynécologue John Rock. Or, comme nous le verrons, dès les années 1930 en Europe, des chercheur·euses utilisent les techniques de blocage de l'ovulation à des fins thérapeutiques.

2 « La pilule, une révolution quarante ans après », *Le Progrès – Lyon*, 14 décembre 2007 ; « La révolution Neuwirth », *Le Monde*, 28 décembre 2007 ; « Quand contraception rime avec révolution. En attendant la pilule 100 % naturelle », *Sud-Ouest*, 24 août 2009 ; AFP, « La pilule fête ses 50 ans », *24 Heures*, 6 mai 2010.

3 Lejoux C., « La pilule, une révolution scientifique et sociale », *La Tribune*, 17 août 2010.

Un deuxième élément fondateur du mythe est l'idée que la pilule est une invention révolutionnaire, qui aurait soudainement permis aux femmes de maitriser leur fécondité et aurait ainsi déstabilisé les rapports de pouvoir entre hommes et femmes, en contribuant à « libérer » ces dernières[4].

Un troisième élément du mythe de la pilule est le récit d'une véritable *success story* : grâce à sa supériorité technologique sur les autres méthodes, l'objet pilule aurait su s'imposer malgré les résistances des conservateur·ices. En France, la législation libéralisant la contraception en général, adoptée par l'Assemblée nationale le 29 décembre 1967, est rapidement assimilée à une loi autorisant « l'usage de la pilule ». Lucien Neuwirth, le député gaulliste à l'origine du projet de loi, est ainsi considéré comme celui qui a « fait passer la pilule », ou encore, comme « l'homme par qui la pilule vint aux femmes » dans nombre de médias[5]. La loi de 1967 qui

4 Héritier F., *Masculin-féminin I. La pensée de la différence*, Paris, Odile Jacob, 1996.

5 Chemin A., « Deux enfants, trois ans d'écart : la famille standardisée », *Le Monde*, 28 décembre 2007 ; Caroué Y., « Celui qui fit passer la pilule », *Le Populaire du Centre*, 27 novembre 2013 ; Dupont-Monod C., « L'homme par qui la pilule vint aux femmes », 27 octobre 2013 (entretien du 8 mars 2007 avec Lucien Neuwirth, publié dans *L'Histoire*, repris par le *Huffington Post*, en ligne : <https://www.huffingtonpost.fr/clara-dupont-monod/lhomme-par-qui-la-pilule-_b_4344057.html>) ; Richard S., « Monsieur Neuwirth défend la pilule », *L'Express*, 20 juin 1966 ; « Neuwirth : une solution française pour la pilule », *Paris-Presse - L'Intransigeant*, 30 novembre 1966 ; Merchier G., « Usage de la "pilule" autorisé », *L'Aurore*, 2 décembre 1966 ; « La victoire de la pilule », *L'Express*, 12 juin 1967 ; Allier I., « Comment M. Neuwirth a fait gagner la pilule », *L'Express*, 10 juillet 1967.

porte son nom abroge en réalité la loi de 1920 contre la prophylaxie anticonceptionnelle, qui interdisait la vente, la prescription et la publicité pour tout produit contraceptif de manière générale.

L'usage du terme de « révolution » pour qualifier la pilule n'est pas propre à l'espace médiatique. L'industrie pharmaceutique célèbre elle aussi « une petite pilule [qui] a changé le monde pour toujours[6] ». Ce champ lexical de la révolution est également courant dans les essais sur l'histoire de la pilule ou dans les publications scientifiques[7]. Pourtant, dans des pays comme l'Angleterre, les États-Unis ou l'Espagne[8], qui connaissent des niveaux de vie et d'accès aux soins comparables à ceux de

6 C'est le cas par exemple de l'entreprise Bayer, qui inscrit ces mots sur une brochure produite à l'occasion des 50 ans de la pilule : « *A small pill changed the world forever. 50 years of the pill, celebrating women, celebrating innovation* », archives de Schering, 002-011-50, 2010.

7 Eig J., *The Birth of the Pill. How Four Pioneers Reinvested Sex and Launched a Revolution*, Londres, Pan Books, [2014] 2016 ; McLaughlin L., *The Pill, John Rock, and The Church: The Biography of a Revolution*, Boston, Little, Brown and Company, 1982 ; Rebreyend A.-C., « La révolution de la pilule », dans Artières P. et Zancarini-Fournel M. (dir.), *68 : une histoire collective, 1962-1981*, Paris, La Découverte, 2015, p. 451-455 ; Tain L., « Techniques de reproduction et "révolutions contraceptives" : mises en scène de genre », dans Capdevila L. *et al.*, *Le genre face aux mutations : masculin et féminin, du Moyen Âge à nos jours*, Rennes, PUR, 2015, p. 383-393.

8 Ventola C., *Prescrire, proscrire, laisser choisir. Autonomie et droits des usagers des systèmes de santé en France et en Angleterre au prisme des contraceptions masculines*, thèse de doctorat, université Paris-Saclay, 2017 ; Watkins E. S., *On the Pill. A Social History of Oral Contraceptives, 1950-1970*, Baltimore, The John Hopkins University Press, 1998 ; Ignaciuk A. et Ortiz-Gomez T., *Anticoncepción, mujeres y género. La píldora en España y Polonia (1960-1980)*, Madrid, Los libros de la Catarata, 2016.

la France, une même présence forte de l'industrie pharmaceutique, des normes procréatives similaires (limitant la taille des familles à deux ou trois enfants), la pilule n'est pas autant encensée.

Ainsi, même si la pilule s'est massivement diffusée dans plusieurs pays d'Europe et d'Amérique du Nord entre la fin des années 1960 et les années 2000, l'hétérogénéité des modèles contraceptifs à l'échelle mondiale[9] suggère que lui donner une place centrale n'est qu'une orientation possible parmi d'autres. L'idée répandue que la pilule aurait déclenché la révolution sexuelle des années 1960-1970 en Europe de l'Ouest et en Amérique du Nord ne permet pas non plus de comprendre la très grande diversité des modes d'appropriation de cette technologie[10].

En France, que la contraception se confonde avec la pilule est longtemps apparu comme une évidence. Or, la récente « crise des pilules[11] » amène à repenser

9 Si la pilule est effectivement la première méthode employée en France en 2010 (50 % des femmes utilisant une contraception), en Algérie en 2012 (75 %), ou au Brésil en 2013 (43 %), elle est très peu prise en Turquie (7 %), au Mexique (4 %), ou en Chine (1 %) et ne concerne qu'une femme contraceptée sur cinq aux États-Unis, loin derrière la stérilisation féminine (30 %), et peu avant le préservatif (15 %).
Le Guen M. *et al.*, « Cinquante ans de contraception légale en France », *op. cit.*

10 Olszynko-Gryn J., « Technologies of contraception and abortion », dans Hopwood N., Flemming R. et Kassell L. (dir.), *Reproduction: Antiquity to the Present Day*, Cambridge, Cambridge University Press, 2018, p. 535-552.

11 Pour une analyse plus détaillée de cette crise, voir Rouzaud-Cornabas M., *« Alerte à la pilule ». Politiques contraceptives et régulation du risque au prisme du genre*, thèse de doctorat, université Paris-Saclay, 2019; sur l'impact de la crise sur les pratiques contraceptives, voir Le Guen M. *et al.*, « The French pill scare and

cet attachement supposé des femmes à la pilule. En réponse au dépôt de plainte d'une jeune femme ayant fait six ans plus tôt un accident vasculaire cérébral (AVC) grave imputable à sa pilule contraceptive, une controverse médiatique est lancée le 14 décembre 2012 par *Le Monde*, rapidement suivie par de nombreux articles dans la presse début 2013. La discussion porte sur le fait que la prise de pilules de « 3e et 4e générations »[12] générerait un risque thrombo-embolique[13] plus important que celle des pilules des générations précédentes. Cette crise conduisit à un débat sanitaire sur les risques des pilules en général, nourrissant une réflexion plus large sur le partage de la responsabilité et des risques contraceptifs entre partenaires hétérosexuel·les. Depuis plus de dix ans en France, on observe d'ailleurs une tendance à la baisse du recours à cette méthode contraceptive, que cette crise a contribué à accentuer[14]. De manière plus

the reshaping of social inequalities in access to medical contraceptives », *SSM – Population Health* 11 (100606), 2020, p. 1-9.

12 Les différentes générations de pilules sont définies en fonction des générations de progestatifs qu'elles contiennent : la noréthistérone pour les pilules de 1re génération mises sur le marché dans les années 1960 ; le norgestrel ou le lévonorgestrel pour les pilules de 2e génération mises sur le marché dans les années 1970 ; le désogestrel, le gestodène ou le norgestimate pour les pilules de 3e génération mises sur le marché à partir de 1982 ; et enfin la drospirénone pour les pilules de 4e génération mises sur le marché dans les années 2000.

13 Caillots de sang qui se forment et peuvent boucher des veines profondes et provoquer des complications au niveau des jambes (phlébite), des poumons (embolie pulmonaire), ou du cerveau (AVC).

14 Bajos N. *et al.*, « La contraception en France : nouveau contexte, nouvelles pratiques ? », *Population & sociétés* 492, 2012, p. 1-4 ; Rahib D., Le Guen M. et Lydie N., « Baromètre santé 2016 –

générale, au-delà des critiques de la pilule et de la baisse de son utilisation, ces dernières années sont caractérisées par la montée du rejet des traitements et contraceptions hormonales, dans la lignée de questionnements écologiques et écoféministes[15].

Toutefois, les critiques de la pilule ont tardé à émerger dans l'espace public et rencontrent encore aujourd'hui l'opposition d'une partie des féministes, notamment certaines qui se réclament du militantisme des années 1970. Dans ce cadre, attaquer la pilule est parfois présenté comme une atteinte au droit des femmes. Pourtant, dans les années 2010, des critiques sont formulées en premier lieu par des femmes, utilisatrices ou anciennes utilisatrices de la pilule, qui s'identifient souvent au féminisme[16].

Ces tensions révèlent l'existence d'une « norme contraceptive » peu interrogée en France, qui offre une place centrale à la pilule, tant au point de vue de la prescription médicale que dans les biographies sexuelles des femmes hétéros[17]. La norme contraceptive à la française

Contraception. Quatre ans après la crise de la pilule, les évolutions se poursuivent », *Santé publique France*, 2017, p. 1-8.

15 Koechlin A., « L'auto-gynécologie : écoféminisme et intersectionnalité », *Travail, genre et sociétés* 2, 2019, p. 109-126 ; Le Guen M. *et al.*, « Reasons for rejecting hormonal contraception in Western countries. A systematic review », *Social Science and Medicine* 284 (114247), 2021, p. 1-13.

16 Drouelle F., « 1967, la pilule, enfin », *France Inter*, 22 mai 2018. En ligne : <https://www.franceinter.fr/emissions/affaires-sensibles/affaires-sensibles-22-mai-2018>, consulté le 11 décembre 2021.

17 Bajos N. et Ferrand M., « La contraception, levier réel ou symbolique de la domination masculine ? », *Sciences sociales et santé* 22 (3),

induit des pratiques qui suivent un même schéma : le recours au préservatif en début de vie hétérosexuelle, puis l'usage de la pilule lorsque les personnes sont en couple stable, et enfin la mise en place d'un dispositif intra-utérin (DIU) comme « contraception d'arrêt », lorsque les femmes souhaitent ne plus avoir d'enfants. Ce modèle est aussi marqué par le faible recours à la stérilisation, contrairement à d'autres pays où cette méthode est fréquemment utilisée[18]. Ainsi, la norme contraceptive française est liée à une certaine temporalité : il ne s'agit pas seulement d'utiliser la bonne méthode, mais « la bonne méthode au bon moment » de son cycle de vie, les trajectoires contraceptives qui s'écartent de cette temporalité étant disqualifiées, notamment par les médecins[19].

La pilule occupe une place centrale dans ce modèle : prescrite dès l'adolescence et parfois avant le début de la vie sexuelle[20], elle est utilisée par une majorité de

2004, p. 117-142 ; Le Guen M. *et al.*, « Cinquante ans de contraception légale en France », *op. cit.* ; Roux A., *« Par amour des femmes » ? La pilule contraceptive en France, genèse d'une évidence sociale et médicale (1960-2000)*, thèse de doctorat, EHESS, 16 juin 2020.

18 La stérilisation (masculine et féminine) est par exemple utilisée par plus de 40 % des couples aux États-Unis, en Chine ou au Mexique. La vasectomie (stérilisation masculine) est utilisée par 20 % des couples au Royaume-Uni. Voir Ventola C., *Prescrire, proscrire, laisser choisir*, *op. cit.*

19 Bretin H., « Marginalité contraceptive et figures du féminin : une expérience de la contraception injectable hormonale en France », *Sciences sociales et santé* 22 (3), 2004, p. 87-110 ; Ruault L., « La force de l'âge du sexe faible. Gynécologie médicale et construction d'une vie féminine », *Nouvelles questions féministes* 34 (1), 2015, p. 35-50.

20 Fonquerne L., *(Faire) avaler la pilule. Une sociologie des prescriptions et des usages d'une contraception en « crise »*, thèse de doctorat, université Toulouse 2 Jean Jaurès, 2021.

femmes[21] pendant une large partie de leur vie reproductive. Cette centralité de la pilule parmi les moyens contraceptifs contribue à définir la contraception comme une « affaire de femmes », puisque c'est à elles de prendre le médicament tous les jours à heure fixe, afin que la méthode intervienne sur leur corps. Pensée uniquement comme une responsabilité féminine, la contraception incomberait « naturellement » aux femmes[22].

La prise en charge quasi exclusive de la contraception par les femmes est liée, historiquement, au faible développement d'une offre contraceptive masculine : la focalisation de la recherche biomédicale occidentale sur le fonctionnement reproductif et hormonal féminin, le développement plus précoce de la gynécologie par rapport à l'andrologie et la faible attractivité d'un domaine de recherche centré sur la maitrise de la fécondité masculine sont autant de pistes pour comprendre le peu de

21 Dans ce livre, j'utilise ce terme pour désigner les femmes cisgenres, c'est-à-dire qui s'identifient au genre qui leur a été assigné à la naissance. Si les femmes cisgenres hétérosexuelles représentent le groupe majoritairement visé par cette norme contraceptive, notons que la prise de pilule peut concerner aussi des femmes cisgenres d'autres orientations sexuelles, ainsi que des personnes trans' et non binaires.

22 Thomé C., « D'un objet d'hommes à une responsabilité de femmes : entre sexualité, santé et genre, analyser la métamorphose du préservatif masculin », *Sociétés contemporaines* 104 (4), 2016, p. 67-94 ; Thomé C. et Rouzaud-Cornabas M., « Comment ne pas faire d'enfants ? La contraception, un travail féminin invisibilisé », *Recherches sociologiques et anthropologiques* 48 (2), 2018, p. 117-137 ; Le Guen M., Rouzaud-Cornabas M. et Ventola C., « Les hommes face à la contraception : entre norme contraceptive genrée et processus de distinction », *Cahiers du genre* 70 (1), 2021, p. 157-184.

méthodes actuellement destinées aux hommes[23]. De manière générale, les corps des femmes font davantage l'objet d'enjeux de connaissance et de contrôle que celui des hommes. Dans un ouvrage majeur, l'historienne des sciences Nelly Oudshoorn montre également que la pilule masculine, régulièrement annoncée dans les médias depuis les années 1970, n'est en fait jamais mise sur le marché. Une des raisons en est que le secteur de la contraception masculine s'est développé à un moment où les critères légaux pour la commercialisation des médicaments ont été considérablement durcis dans tous les pays occidentaux[24].

Cependant, le biais de genre dans l'offre contraceptive n'explique pas tout. En effet, la féminisation des pratiques contraceptives est très variable d'un pays à l'autre : en Angleterre les partenaires hétérosexuel·les recourent au préservatif dans 27 % des cas et à la vasectomie dans 20 % des cas (soit 47 % d'utilisation de méthodes impliquant le corps des hommes ou intervenant sur celui-ci), et le préservatif est le premier mode de contraception utilisée en Espagne (25 %). En revanche, ces deux méthodes sont plus marginales dans le paysage contraceptif français (15 % des partenaires ont recours au préservatif et 0,2 % seulement à la vasectomie).

23 Oudshoorn N., « Hormones, technique et corps. L'archéologie des hormones sexuelles (1923-1940) », *Annales. Histoire, sciences sociales* 53, 1998, p. 775-793.

24 Oudshoorn N., *The Male Pill: A Biography of a Technology in the Making*, Durham/Londres, Duke University Press Books, 2003.

La focalisation française sur les moyens féminins de contraception est le résultat de ce que j'appelle le « pilulocentrisme » et que je définis comme le biais de perception qui fait de la pilule la technique la plus légitime de contraception, ce qui se traduit par des pratiques médicales et contraceptives exclusivement centrées sur cette méthode. Penser l'histoire de la pilule comme une révolution contribue également à renforcer ce pilulocentrisme.

Mais d'où vient ce pilulocentrisme à la française ? Comment cette norme s'est-elle imposée en France ? Dans quelle mesure la norme contraceptive centrée sur la pilule a-t-elle été promue au nom des femmes, « par amour » de celles-ci, ou dans leur intérêt ? Et quelle place est faite aux principales intéressées dans le choix de leur moyen de contraception, dans la définition de leur propre intérêt ? Choisir pour les femmes, « par amour » pour elles, n'est-ce pas là un positionnement paternaliste ? Et comment celles qui refusent la pilule peuvent-elles faire entendre leurs critiques ?

Les utilisatrices insatisfaites de la pilule peuvent signifier leur mécontentement de trois manières différentes, selon la typologie classique du sociologue Albert Hirschman[25] : par la défection (*exit*) ; par une prise de parole (*voice*) ; par une attitude de loyauté (*loyalty*), qui traduit un attachement à la norme, malgré les désagréments. La prise de parole s'avère toutefois difficile. En

25 Hirschman A. O., *Exit, Voice and Loyalty: Responses to Decline in Firms, Organizations, and States*, Cambridge, Harvard University Press, 1970.

effet, si certains espaces médiatiques comme la presse féminine ou les émissions de radio auraient pu très tôt être propices à la prise de parole des femmes[26], le plus souvent la voix des utilisatrices de pilules a finalement été une parole rapportée et retraduite par des expert·es ou par des mouvements militants[27]. Quelques articles faisant figure d'exception laissent tout de même la parole aux femmes. Par exemple, un article de 1978 dans *Marie Claire* relaie « la révolte des jeunes femmes » qui, sans remettre en cause l'avancée qu'a représentée la pilule, contestent la « facilité » supposée de ce moyen contraceptif[28]. Méfiantes à l'égard du produit et lasses du caractère contraignant de la prise quotidienne, ces femmes dénoncent le fardeau que représente la responsabilité contraceptive : la pilule aurait conduit les hommes à totalement se désengager de la prise en charge matérielle et mentale de la contraception. Quelques années plus tard,

26 Pavard B., « Contraception et avortement dans *Marie-Claire* (1955-1975) : de la méthode des températures à la méthode Karman », *Le temps des médias* 12 (1), 2009, p. 100-113 ; Pavard B., « *Marie Claire*, magazine féministe ? », *Vingtième siècle* 136 (4), 2017, p. 131-146.

27 Une série de trois articles du *Monde*, publiée le 5 avril 1978, s'interroge par exemple sur les attentes des femmes à l'égard de la pilule, qui n'a jusqu'alors « fait l'objet que de bien peu d'enquêtes systématiques de grande envergure ». Ces articles relativement longs ne font pourtant qu'interroger des médecins (six en tout) sur les attitudes, parfois contraires ou contradictoires, « des femmes » à l'égard de la pilule, et c'est la parole des expert·es qui prime sur la parole des femmes. Lacronique J.-F., « La pilule contraceptive à l'épreuve du temps », *Le Monde*, 5 avril 1978 ; Lacronique J.-F., « Des risques connus et acceptables », *Le Monde*, 5 avril 1978 ; Brisset C., « L'environnement psychologique », *Le Monde*, 5 avril 1978.

28 Lavanchy M., « Pilule. La révolte des jeunes femmes », *Marie Claire*, décembre 1978, p. 51-60.

un autre article, paru dans le magazine *Elle*, diffuse un sondage montrant que « les Françaises aiment moins la pilule[29] » et décrit l'abandon croissant de la pilule chez ses utilisatrices de longue date. Si l'aspect contraignant de la prise de la pilule, ses effets secondaires, les nausées qui y sont associées, les problèmes de circulation sanguine, la prise de poids et les dangers perçus à long terme (cancer) y sont évoqués, l'article se conclut toutefois sur la parole d'un gynécologue, dont le rôle est de rassurer les femmes interrogées sur l'innocuité de la pilule. Quelques semaines plus tard, un autre article dans le même magazine donne la parole à cinq médecins qui contestent non seulement la validité du précédent sondage, mais aussi les griefs que les utilisatrices adressent aux contraceptifs oraux[30]. La pilule et le DIU y sont décrits comme les seules méthodes contraceptives recommandables, la pilule convenant aux femmes jeunes ou sans enfants. Ainsi, l'avis des spécialistes systématiquement opposé à celui des femmes contribue à délégitimer les prises de paroles défavorables à la pilule avant les années 2000. De ce fait, des années 1960 aux années 2000, peu d'espaces permettent une action collective émanant des utilisatrices insatisfaites de la pilule.

Au cours de ces décennies de silence, les utilisatrices de pilules ont néanmoins pu faire valoir leur capacité

29 Renaudin M. et Bouillaud A., « Les Françaises aiment moins la pilule. Un sondage exclusif *Elle*-IFOP », *Elle*, 1er février 1984.

30 L'Helgoualch A.-M., « Les Françaises aiment moins la pilule ? Cinq médecins répondent », *Elle*, 20 février 1984.

de « défection » lorsqu'elles jugeaient que la contraception orale ne leur convenait pas, ou que certains de ses effets secondaires avaient un impact trop important sur leur quotidien, en arrêtant tout simplement de recourir à la pilule, en l'oubliant régulièrement, ou en ne la prenant que sur certaines périodes. Ces conduites, souvent disqualifiées par les médecins comme mauvaises pratiques, ou assimilées à une ambivalence face à un désir de grossesse présupposé naturellement présent chez toutes les femmes, ont rarement été perçues comme des résistances, ou comme une manière de composer avec les multiples contraintes que le travail contraceptif représente pour les femmes ayant des rapports hétérosexuels[31]. Ces formes de défection sont d'ailleurs sous-estimées statistiquement : dans les essais cliniques, les unités statistiques considérées ne sont pas les femmes elles-mêmes, mais les cycles durant lesquels le produit a été bien pris. Autrement dit, si des femmes cessent de prendre la pilule, elles ne sont plus comptées dans les données sur la tolérance du produit ou sur les effets secondaires.

La défection par rapport aux contraceptifs oraux a davantage été investiguée dans les enquêtes nationales sur les pratiques contraceptives : le démographe Henri Leridon étudie dans l'« Enquête mondiale de

31 Bajos N., Ferrand M. et l'équipe Giné, *De la contraception à l'avortement. Sociologie des grossesses non prévues*, Paris, INSERM, 2002 ; Thomé C. et Rouzaud-Cornabas M., « Comment ne pas faire d'enfants ? », *op. cit.*

fécondité » de l'INED-INSERM (1978) les insatisfactions des utilisatrices vis-à-vis des différentes méthodes contraceptives et les raisons qui les poussent à l'arrêt contraceptif[32]. Pour la pilule comme pour le DIU, ce sont les effets secondaires, les contre-indications médicales et les inquiétudes pour la santé ou la fertilité future qui dominent : 50 % des utilisatrices de pilules pensent que la pilule a des conséquences désagréables ou dangereuses et 80 % des femmes qui l'emploient pas partagent cet avis. Chez les usagères de pilule, 16 % trouvent sa prise quotidienne ennuyeuse, et la moitié de celles qui ne la prennent pas sont d'accord avec cette idée.

Dans les années 2000, les revendications pour les droits des patient·es et les critiques de l'industrie pharmaceutique résultant de nombreux scandales, dont celui du Mediator, créent les conditions d'une mobilisation collective anti-pilule. Dans un contexte de remise en cause plus générale des pratiques médicales, la prise de parole des femmes utilisatrices de la pilule lors de la crise de 2012-2013 débouche sur des actions juridiques très médiatisées qui ont un impact sur les pratiques contraceptives[33].

Aussi la question des raisons de l'abandon de la méthode contraceptive de la pilule émerge-t-elle à nouveau au cours de cette décennie[34] : un tiers des

32 Leridon H., *La seconde révolution contraceptive. La régulation des naissances en France de 1950 à 1985*, Paris, PUF, 1987.

33 Rouzaud-Cornabas M., « *Alerte à la pilule* », *op. cit.*

34 Bajos N., Ferrand M. et l'équipe Giné, *De la contraception*

consommatrices de pilules l'utilisent de manière discontinue sur deux ans et près de la moitié sur quatre ans[35]. Ces formes de défection, très fréquentes, sont néanmoins rarement investiguées en profondeur dans l'espace médiatique ou dans le secteur de la santé publique.

D'autant qu'en alternant des périodes de défection et d'utilisation, les utilisatrices de la pilule témoignent de manière paradoxale d'une certaine loyauté à l'égard de cette méthode. L'abandon de la pilule est ainsi souvent seulement passager. Certaines enquêtes avancent que cette fidélité des Françaises envers la pilule tient à leur satisfaction vis-à-vis de cette méthode[36]. Mais l'attachement persistant des Françaises à la pilule peut aussi révéler une adhésion « par défaut ». En l'absence d'autre option, de nombreuses femmes conservent la pilule comme moyen de contraception tout en se disant insatisfaites de ses effets secondaires et de la contrainte que sa prise représente. En effet, les méthodes barrières et

à l'avortement, op. cit. ; Moreau C. *et al.*, « Frequency of discontinuation of contraceptive use: Results from a French population-based cohort », *Human Reproduction* 24 (6), 2009, p. 1387-1392.

35 *Ibid.*, p. 1390.

36 Leridon H., *La seconde révolution contraceptive, op. cit.* ; Bajos N. *et al.*, « Les inégalités sociales d'accès à la contraception en France », *Population* 59, 2004, p. 479-502. Si en 1978, la moitié des utilisatrices déclaraient des motifs d'insatisfaction vis-à-vis de la pilule, en 1988, 37 % des utilisatrices de pilules considèrent que leur choix de méthode est très bon, 29 % considèrent que c'est le choix le plus simple et 27 % considèrent ce choix comme bon, faute de mieux. Dans l'enquête « CoCon » de 2002-2004, 86 % des femmes prenant la pilule ont déclaré que cette méthode leur « convient tout à fait » (tous types de pilules confondus).

les techniques d'auto-observation sont perçues comme moins efficaces, les méthodes définitives comme trop radicales. À cela s'ajoute la crainte d'une stérilité causée par un DIU (crainte largement relayée à tort par une partie des professionnel·les de santé), ou encore le refus de dépendre d'un homme pour la bonne mise en œuvre d'une méthode contraceptive. La loyauté à l'égard de la pilule est aussi une conséquence du mythe de la libération des femmes dont ce produit pharmaceutique est porteur. Nous l'avons évoqué, l'effet libérateur de la contraception en général pour les femmes est associé en France à la commercialisation de la pilule. Celle-ci est ainsi pensée comme le résultat de plus de dix ans de luttes et de mobilisations féministes ayant abouti à la loi Neuwirth. Ce mythe de la pilule libératrice est d'ailleurs sans cesse repris par les laboratoires pharmaceutiques qui en font un argument marketing et qui déploient de très larges ressources économiques et logistiques pour que perdure cette idée, source d'attachement des femmes au produit. Ces éléments sociohistoriques permettent de comprendre qu'une critique structurelle du recours à la pilule ou de la norme contraceptive française n'ait pas vu le jour avant les années 2000 et qu'elle demeure fragile.

Dans cet ouvrage, je propose de retracer la genèse de cette norme contraceptive française centrée sur la pilule, pour comprendre comment ce que j'appelle le « pilulocentrisme » à la française résulte de la mobilisation de divers·es acteur·ices aux intérêts divergents, qui ont contribué ensemble à faire de la pilule une évidence durablement enracinée dans les pratiques contraceptives.

Si de nombreux travaux en langue anglaise, espagnole, ou allemande ont permis de documenter l'histoire de la pilule dans différents pays du monde[37], le peu de travaux qui concernent l'histoire de cette méthode en France étonne au regard de l'importance que cet objet a pris dans la vie quotidienne des femmes hétérosexuelles depuis plus de cinquante ans. D'un point de vue méthodologique, cet ouvrage repose sur trois types de matériaux sociologiques : (1) un large corpus d'archives et d'imprimés, de la presse quotidienne à la presse féministe, en passant par des archives sur la formation des médecins prescripteur·ices, par la littérature grise et la presse médicale, des fonds d'archives privés, des publicités pour des contraceptifs et des archives d'entreprises pharmaceutiques ; (2) les résultats d'entretiens menés avec plusieurs expert·es en contraception ; (3) les données d'enquêtes nationales sur les pratiques contraceptives d'une part, et sur les pratiques prescriptives des médecins d'autre part.

37 Watkins E. S., *On the Pill*, *op. cit.* ; Marks L. V., *Sexual Chemistry. A History of the Contraceptive Pill*, Yale, Yale University Press, 2001 ; Silies E.-M., *Liebe, Lust und Last. Die Pille als weibliche Generationserfahrung in der Bundesrepublik 1960-1980*, Göttingen, Wallstein Verlag, 2010 ; Ignaciuk A. et Ortiz-Gómez T., *Anticoncepción, mujeres y género*, *op. cit.* ; König C., « Planwirtschaft und Eigeninitiative. Zur Einführung der "Wunschkind-Pille" in der DDR », dans Niethammer L., Satjukow S. (dir.), *« Wenn die Chemie stimmt... » Geschlechterbeziehungen und Geburtenplanung im Zeitalter der « Pille »*, Göttingen, Wallstein Verlag, 2016, p. 286-295.

Précisions sémantiques

En anglais, le terme *contraception* se popularise dès le début du XXe siècle, mais la notion de « contrôle des naissances » (*birth control*) se substitue à lui sous l'impulsion de Margaret Sanger dans les années 1930. Les notions de « contrôle » et de « limitation » des naissances sont alors progressivement associées aux mouvements néomalthusiens et renvoient à un effort rationalisé des pays du Nord pour enrayer la croissance de la population dans les pays du Sud. En France, l'expression « régulation des naissances » qu'utilise les militant·es du planning familial visent à se distancier de la terminologie du « contrôle » à connotation impérialiste, pour s'inscrire dans une perspective nataliste, visant à planifier de manière raisonnée les naissances, et non à réduire leur nombre.

Le mot « contraception » reste peu employé jusqu'aux années 1960, où il s'impose dans les publications médicales : il est en particulier mobilisé de manière stratégique par un groupe de médecins pour se démarquer du caractère militant des formules « régulation des naissances » ou « planning familial ». La « contraception » désigne l'ensemble des moyens pour éviter une grossesse ou s'opposer (*contra*) à la conception. On la distingue de la « contragestion », qui s'oppose à la gestation, et donc au déroulement de la grossesse, soit toutes les méthodes intervenant après la fécondation d'un ovule par un spermatozoïde pour empêcher l'œuf fécondé de s'implanter dans l'utérus. Certaines techniques semblent toutefois difficiles à catégoriser strictement, car elles ont un effet à la fois contraceptif et contragestif (à l'instar du DIU en cuivre ou de la pilule prescrite à hautes doses après la conception).

« La » pilule est également un objet qui renvoie à plusieurs réalités : au singulier, ce terme désigne une méthode contraceptive, ainsi qu'un symbole qui se passe la plupart du temps de l'épithète « contraceptif ». Au pluriel, les termes « pilules contraceptives », « pilules hormonales », « pilules œstro-progestatives », « contraceptifs oraux », « œstro-progestatifs », parfois utilisés comme synonymes, renvoient à la composition variable de ces produits.

Enfin, je n'utilise le mot « stérilet » qu'entre guillemets et lui préfère « dispositif intra-utérin » (DIU). Le néologisme « stérilet », inexistant dans d'autres langues, a été forgé par Pierre Simon (1925-2008), gynécologue et vice-président du Planning familial, à son retour d'une conférence sur la régulation des naissances à Singapour en 1963, car l'anglais *intra-uterine contraceptive device* lui paraissait trop complexe à traduire. L'emploi du terme « stérilet », plus courant en France que « dispositif intra-utérin » et apparemment plus simple, est néanmoins gênant car il véhicule l'idée que ce dispositif induirait davantage une stérilité que d'autres méthodes (comme la pilule), ce qui est faux. La loi utilise le terme de « contraceptifs intra-utérins » et les travaux en santé publique celui de DIU.

«Par amour des femmes»? Une norme contraceptive centrée sur la pilule

Quand et comment la pilule est-elle devenue si centrale en France ? La vente et la prescription de contraceptifs, interdites en 1920, connaissent une lente libéralisation jusqu'au début des années 1970. Alors que le recours à la pilule n'a rien d'évident en France dans les années 1960, comment comprendre la force de la norme contraceptive au seuil des années 2000 ? Cette diffusion s'est-elle faite dans l'intérêt des femmes ?

La pilule, centrale dans les pratiques contraceptives en France

Des années 1970 aux années 2010, les enquêtes démographiques sur les pratiques contraceptives des Français·es permettent de décrire trois phénomènes : la médicalisation de la contraception ; la centralité progressive de la pilule renvoyant à l'émergence d'une norme contraceptive ; le fait que cette norme concerne certaines générations de femmes en particulier.

Diffusion et médicalisation de la contraception

À partir des années 1970, les techniques contraceptives connaissent une diffusion rapide en France, qui passe par la médicalisation de la contraception (figure 1) : le nombre de femmes[1] n'utilisant aucun moyen diminue largement jusqu'à représenter moins de 5 %, tandis que près de 80 % des femmes concernées par la contraception – c'est-à-dire ni stériles, ni enceintes, ayant des rapports hétérosexuels et ne cherchant pas à concevoir – emploient une méthode médicale à la fin des années 1980. Ces techniques remplacent progressivement le retrait (un tiers des couples l'utilisait en 1968), et la médicalisation de la contraception se poursuit dans les années 1990, même si elle tend à être questionnée à partir de 2010[2].

1 Ces enquêtes sont focalisées uniquement sur les femmes, à l'exception de l'enquête de 1978 qui compare les réponses de femmes et celles de leur conjoint, et de l'enquête de 2010 qui interroge un échantillon d'hommes et de femmes recruté·es indépendamment.

2 Leridon H. *et al.*, « La médicalisation croissante de la contraception en France », *Population & sociétés* 381, 2002, p. 1-4 ; Le Guen M. *et al.*, « Cinquante ans de contraception légale en France : diffusion, médicalisation, féminisation », *Population & sociétés* 549, 2017, p. 1-4.

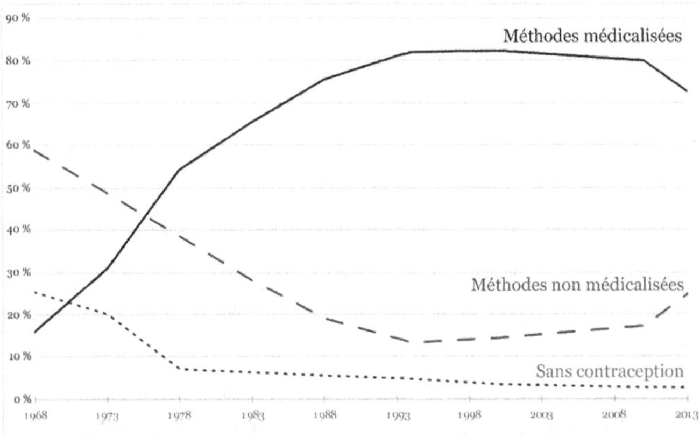

Figure 1 : Diffusion et médicalisation de la contraception en France (1968-2013)

Champ : Femmes de 18 à 44 ans n'étant ni stériles, ni enceintes, ayant des rapports hétérosexuels et ne cherchant pas à concevoir.

Sources : « Enquête mondiale de fécondité 1978 », enquête « Régulation des naissances 1988 », enquête « Situation familiale et emploi 1994 », enquête « CoCon 2000 » et enquêtes « Fecond 2010 » et « Fecond 2013 ».

Centralité de la pilule dans les pratiques

Au début des années 1960, la pilule contraceptive commence à être diffusée en marge de la loi. Au moment du vote de la loi Neuwirth en 1967 (voir ci-après), elle est déjà consommée à des fins contraceptives par près « d'un demi-million de Françaises[3] ». Elle connait une

3 Leridon H., *La seconde révolution contraceptive. La régulation des naissances en France de 1950 à 1985*, Paris, PUF, 1987, p. 46.

diffusion rapide à partir des années 1970 et devient centrale dès la fin de la décennie (voir figure 2). Au cours des années 1980 et 1990, le taux de femmes ayant recours à la pilule parmi celles qui sont concernées par la contraception augmente, jusqu'à atteindre 57 % en 2000. Même si ce taux baisse depuis les années 2000, la pilule reste aujourd'hui le premier moyen contraceptif utilisé en France, largement devant les autres méthodes[4]. La diffusion du DIU survient quelques années après celle de la pilule (du fait de sa régulation plus tardive) et s'accélère jusqu'à la fin des années 1980, mais décroit de 1988 à 2010. Les autres méthodes restent très marginalement employées, bien que l'usage du préservatif augmente légèrement au cours des années 1990 dans le contexte de la lutte contre l'épidémie de VIH-sida et de la multiplication des campagnes de prévention, particulièrement à destination de celles et ceux qui débutent leur vie sexuelle[5].

Au-delà de l'augmentation de la couverture contraceptive, l'utilisation des méthodes évolue : si les contraceptifs oraux ont d'abord été employés comme une contraception d'arrêt (pour ne plus avoir d'enfant), ils tendent à la fin des années 1970 à être pris comme une contraception d'espacement (entre deux naissances,

4 Le Guen M. *et al.*, « The French pill scare and the reshaping of social inequalities in access to medical contraceptives », *SSM – Population Health* 11 (100606), 2020, p. 1-9.

5 Paicheler G., *Prévention du sida et agenda politique : les campagnes en direction du grand public (1987-1996)*, Paris, CNRS éditions, 2002.

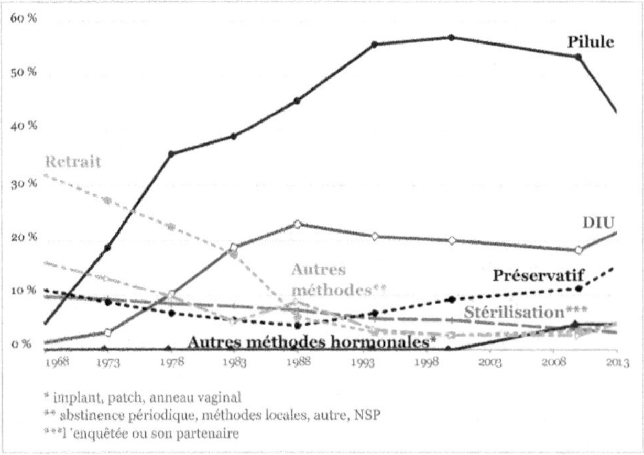

Figure 2 : Évolution du recours contraceptif en France (1968-2013)

Champ : Femmes de 18 à 44 ans n'étant ni stériles, ni enceintes, ayant des rapports hétérosexuels et ne cherchant pas à concevoir.

Sources : « Enquête mondiale de fécondité 1978 », enquête « Régulation des naissances 1988 », enquête « Situation familiale et emploi 1994 », enquête « CoCon 2000 » et enquêtes « Fecond 2010 » et « Fecond 2013 ».

pour échelonner les grossesses)[6]. C'est le DIU qui remplit peu à peu ce rôle de contraception d'arrêt, en l'absence d'un développement de la stérilisation masculine et féminine en France. Toutefois, la diffusion des contraceptifs oraux et du DIU ne se fait pas de manière homogène dans toutes les générations.

6 Leridon H., *La seconde révolution contraceptive*, *op. cit.*

La norme contraceptive centrée sur la pilule, un effet de génération ?

La figure 3 (p. 37) présente l'évolution du recours à la pilule, au DIU, aux préservatifs (masculins et féminins) et au retrait par génération de naissance[7]. Elle permet de constater que quelle que soit la génération, l'utilisation de la pilule diminue avec l'âge, tandis que l'emploi du DIU augmente. Cela correspond à la norme contraceptive française, qui est marquée par le recours au préservatif en début de vie sexuelle, à la pilule dès que les individus entrent dans une relation stable, et enfin au DIU une fois que le nombre d'enfants souhaités est atteint. L'utilisation de la pilule augmente entre 15 et 35 ans, puis décroit au profit du DIU.

Mais les usages de la pilule, du préservatif et du retrait diffèrent également selon les générations. Les femmes nées entre 1953 et 1992 (courbes G5 à G12) utilisent beaucoup plus la pilule que les femmes des générations précédentes (nées entre 1933 et 1947). Celles qui sont nées entre 1963 et 1982 (G7 à G10) ont été notamment plus des trois quarts à prendre la pilule lorsqu'elles avaient entre 20 et 25 ans, contre 60 % ou moins dans les autres générations. Les femmes les plus jeunes, nées

7 Les générations de naissance sont découpées par tranches de cinq années, à partir des dates de naissance déclarées par les femmes dans chaque enquête, en faisant l'approximation que des femmes de différentes enquêtes mais nées la même année appartiennent à une même « génération ».

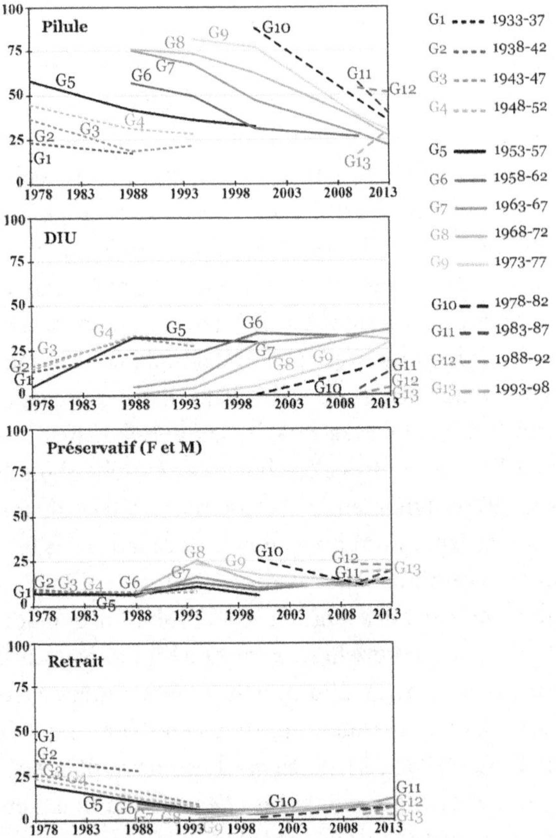

Figure 3: Évolution du recours contraceptif en France, par génération (année de naissance)

Champ: Femmes de 18 à 44 ans n'étant ni stériles, ni enceintes, ayant des rapports hétérosexuels et ne cherchant pas à concevoir.

Sources: «Enquête mondiale de fécondité 1978», enquête «Régulation des naissances 1988», enquête «Situation familiale et emploi 1994», enquête «CoCon 2000» et enquêtes «Fecond 2010» et «Fecond 2013».

après 1983 (G11 à G13), recourent beaucoup moins à la pilule, à âge égal, que leurs ainées. Le DIU ne présente pas d'effet de génération aussi net : quelle que soit la génération, son taux d'utilisation avoisine 30 % à partir de 35-40 ans. Cela signifie que la norme contraceptive centrée sur la pilule, qui concerne principalement les femmes nées entre 1965 et 1990, s'est établie à la fin des années 1980 et a commencé à être questionnée au cours des années 2000, ce qui suggère que la remise en cause actuelle de la pilule n'est pas une simple conséquence de la crise médiatique de 2012-2013, mais la précède.

Concernant le préservatif, les générations nées après 1973, qui ont débuté leur vie sexuelle dans les années 1990 au moment où l'épidémie de VIH-sida était très médiatisée, y ont beaucoup plus recours dès leurs premières relations que les précédentes[8]. À l'inverse, les générations nées avant 1968 emploient peu cette méthode, et ce malgré la survenue de l'épidémie. Enfin, le recours au retrait diminue au fil des générations : mis en œuvre par plus d'un quart des femmes nées avant 1942 (G1 et G2), cette méthode devient désuète dans les générations suivantes et est rapidement remplacée par les techniques médicales. Comment cette norme contraceptive centrée sur la pilule s'est-elle alors

8 Par ailleurs, on passe de 10 % d'utilisation du préservatif au premier rapport en 1985 à 90 % dix ans plus tard. Voir Rossier C. et Leridon H., l'équipe CoCon, « Pilule et préservatif, substitution ou association ? Une analyse des biographies contraceptives des jeunes femmes en France de 1978 à 2000 », *Population* 59, 2004, p. 449-478.

mise en place ? Plus exactement, quels sont les acteurs ou groupes sociaux qui ont contribué à la légitimer ?

Les origines de la pilule: des droits des femmes à l'impérialisme colonial

Pour comprendre plus en profondeur la construction du mythe de la « révolution » de la pilule, qui participe de la mise en place de cette norme contraceptive en France, il faut nous replonger dans le contexte social, politique, économique et scientifique ayant conduit à l'élaboration de cette technologie[9]. La mise au point des molécules hormonales qui composent la pilule – les œstrogènes et les progestatifs de synthèse – a avant tout une histoire européenne, qui s'inscrit dans le développement de l'endocrinologie[10] et de l'industrie chimique des années 1920 et 1930, notamment en Allemagne, en Hollande et en France[11].

9 Marks L. V., *Sexual Chemistry. A History of the Contraceptive Pill*, Yale, Yale University Press, 2001; Oudshoorn N., «Hormones, technique et corps. L'archéologie des hormones sexuelles (1923-1940)», *Annales. Histoire, sciences sociales* 53, 1998, p. 775-793; Watkins E. S., *On the Pill. A Social History of Oral Contraceptives, 1950-1970*, Baltimore, The John Hopkins University Press, 1998.

10 Discipline médicale spécialisée dans l'étude des hormones.

11 Oudshoorn N., «United we stand: The pharmaceutical industry, laboratory, and clinic in the development of sex hormones into scientific drugs, 1920-1940», *Science, Technology and Human Values* 18 (1), 1993, p. 5-24; Gaudillière J.-P., «Hormones, régimes d'innovation et stratégies d'entreprise», *Entreprises et histoire* 36 (2), 2004, p. 84-102.

La domination des travaux anglo-saxons sur le sujet a conduit à une vision très américano-centrée de cette histoire, faisant de Gregory Pincus le « père » de la pilule, et de Margaret Sanger son inspiratrice dans les années 1920-1930. C'est oublier que ces technologies étaient développées au même moment en Europe, où des chercheur·euses les ont utilisées dès les années 1930 pour bloquer l'ovulation à des fins contraceptives[12]. Le blocage de l'ovulation par l'administration d'hormones est d'ailleurs proposé dès 1919 par le médecin et chercheur en endocrinologie Ludwig Haberlandt (1885-1932), et c'est au chimiste d'origine viennoise Carl Djerassi (1923-2015) que l'on doit le développement des premiers progestatifs de synthèse efficaces par voie orale. La firme allemande Schering, engagée dans la recherche sur les hormones dès les années 1930, réalise des essais cliniques pour un contraceptif oral au cours des années 1950, avec l'aide d'un gynécologue belge, Ferdinand Peeters (1918-1998). Ces essais permettent la mise sur le marché, en 1961, de la première pilule européenne, Anovlar, qui provoque nettement moins d'effets secondaires que sa concurrente américaine (voir chapitre 3).

Les travaux sur l'histoire étasunienne proposent une genèse de l'invention de la pilule dans laquelle Margaret Sanger, une infirmière travaillant dans les

12 Staupe G., Viet L. et Deutsche Hygiene-Museum, *Die Pille. Von der Lust und von der Liebe*, Berlin, Rotwohlt-Berlin, 1996.

quartiers populaires insalubres de la ville de New York, a contribué à développer le mouvement du contrôle des naissances aux États-Unis en ouvrant les premières cliniques de *birth control*, dans un contexte où la contraception était interdite par les lois Comstock de 1873[13]. Insatisfaite des méthodes disponibles dans les années 1920-1930 aux États-Unis, notamment le diaphragme, elle contacte le chercheur en biologie Gregory Pincus, après avoir eu vent de ses travaux sur le blocage de l'ovulation de lapines par administration de progestatifs. Soutenu financièrement par la biologiste et riche héritière Katharine McCormick, celui-ci réalise pendant plusieurs années des essais pharmacologiques sur des souris et des lapines, à la recherche de la molécule bloquant le plus efficacement l'ovulation avec le minimum de toxicité. Il sollicite pour cela l'aide de plusieurs collaborateur·ices, dont Min Chueh Chang, un biologiste chinois et proche collègue. Après avoir identifié certaines molécules candidates suffisamment sures pour commencer les tests sur des sujets humains, Pincus prend contact avec le gynécologue catholique John Rock, qui accepte de tester les molécules sur ses patientes stériles, afin de voir si le blocage de leur ovulation permettrait de rétablir par la suite des cycles fertiles. Après de premiers essais concluants, Pincus et Rock entreprennent de tester leur produit à plus large échelle. Le contexte réglementaire n'étant pas favorable

13 WATKINS E. S., *On the Pill*, *op. cit.*

pour réaliser ces tests aux États-Unis, ils contactent des chercheur·euses à Porto Rico et collaborent avec la directrice médicale de l'Association de planning familial de Porto Rico. L'île est alors sous influence étatsunienne et marquée par un très fort taux de fécondité et par un fort taux de chômage, notamment chez les plus jeunes. Le développement de la pilule s'inscrit donc très tôt dans une histoire empreinte d'impérialisme et de racisme, puisque ce sont des chercheur·euses exclusivement blanc·hes qui ont massivement testé des produits dont l'innocuité n'était pas avérée sur des populations latino-américaines[14]. D'ailleurs, cet essai clinique se révèle très problématique par bien des aspects. De nombreuses femmes quittent l'expérimentation au bout de quelques mois, car les produits ont de nombreux effets secondaires. Les tests débouchent cependant sur des résultats suffisamment probants pour que la firme étatsunienne Searle, qui coopère avec Pincus, obtienne en 1956 l'autorisation de mise sur le marché de la première molécule œstroprogestative bloquant l'ovulation, en tant que médicament pour « régularisation des cycles ». Ce n'est que quatre ans plus tard, en 1960, que Searle et Pincus reçoivent de la Food and Drugs Administration (FDA) – instance de

14 Tone A., *Devices and Desires. A History of Contraceptives in America*, New York, Hill and Wang, 2001 ; Marks L. V., *Sexual Chemistry*, *op. cit.* ; Briggs L., *Reproducing Empire. Race, Sex, Science, and US Imperialism in Puerto Rico*, Berkeley, University of California Press, 2002.

régulation des médicaments aux États-Unis – l'autorisation de mise sur le marché de leur produit Enovid comme contraceptif.

Cette histoire s'inscrit plus largement dans le contexte du développement des mouvements de limitation des naissances dits « néomalthusiens » à l'échelle mondiale à partir des années 1930[15]. Ceux-ci s'inspirent de la doctrine de Malthus selon laquelle la population croît plus vite que les ressources alimentaires, ce qui pourrait conduire l'humanité à des problèmes de surpopulation et de pénurie alimentaire en l'absence de politique de limitation des naissances. Dans la lignée des courants eugénistes de l'Angleterre de la fin du XIXe siècle, qui veulent favoriser la limitation des naissances au sein des populations les plus pauvres et encourager la natalité chez les populations aisées, plusieurs institutions supranationales se mobilisent pour alerter sur la croissance démographique de certaines régions du monde. Ces mouvements connaissent leur apogée à partir des années 1950 et prônent la lutte contre la surpopulation mondiale au nom de l'idée de « développement ». Le néomalthusianisme prêché par ces élites des pays du Nord, dont la population est majoritairement blanche, renvoie toutefois à un

15 Watkins E. S., *On the Pill*, *op. cit.*; Tone A., *Devices and Desires*, *op. cit.*; Takeshita C., *The Global Biopolitics of the IUD. How Science Constructs Contraceptive Users and Women's Bodies*, Cambridge, The MIT Press, 2012; Löwy I., «Defusing the population bomb in the 1950s: Foam tablets in India», *Studies in History and Philosophy of Biological and Biomedical Sciences* 43, 2012, p. 583-593.

double standard aux connotations racistes : il préconise implicitement un « eugénisme positif » qui vise à encourager la fécondité des femmes blanches de classes moyennes, et un « eugénisme négatif » vis-à-vis des femmes racisées et/ou de classes populaires[16]. La mise au point de la pilule elle-même a été soutenue par les néomalthusiens, notamment par l'American Birth Control League, dans la perspective de limiter la croissance démographique des populations les plus pauvres, à l'échelle des États-Unis comme à l'échelle mondiale. Si Sanger a d'abord défendu l'idée d'une pilule peu chère et accessible aux femmes pour les libérer du fardeau des maternités à répétition, le soutien des néomalthusien·nes et l'expérimentation du produit à Porto Rico sur des populations sous domination politique et économique des États-Unis inscrivent cette technologie dans des rapports coloniaux. Le développement de méthodes contraceptives plus coercitives[17], qui laissent

16 Dorlin E., *La matrice de la race : généalogie sexuelle et coloniale de la Nation française*, Paris, La Découverte, 2009 ; Zancarini-Fournel M., « Contraception et avortement dans les Antilles françaises (Guadeloupe et Martinique, 1964-1975) », *Clio. Femmes, genre, histoire* 2, 2019, p. 87-108 ; Paris M., « La racialisation d'une politique publique : le contrôle de la natalité à la Réunion (années 1960-1970) », *Politix* 131 (3), 2020, p. 29-52 ; Collins P. H., « Will the "real" mother please stand up? The logic of eugenics and American national family planning », dans *Revisioning Women, Health, and Healing. Feminist, Cultural and Technoscience Perspectives*, New York, Routledge, 1999, p. 266-282.

17 Les dispositifs intra-utérins dans les années 1970, les injections progestatives dans les années 1980, et les méthodes de stérilisation masculine (vasectomie) comme féminine (ligature des trompes) utilisées notamment en Inde et en Chine à partir des années 1960, parfois à l'insu des personnes concernées. Tone A., *Devices and*

moins de place à l'erreur, utilisées principalement dans les pays du Sud, sera dénoncé plus tard comme une forme d'impérialisme[18].

En France, le développement des mouvements en faveur de la régulation des naissances a lieu dans les années 1950-1960 et s'incarne dans la création en 1956 par la gynécologue Marie-Andrée Lagroua Weill-Hallé de l'association Maternité heureuse, qui deviendra le Mouvement français pour le planning familial en 1960[19]. La politique nataliste de l'État français fait alors écho au double standard néomalthusien à l'échelle mondiale : alors qu'en métropole les pouvoirs publics mettent en place des aides sociales pour favoriser les naissances, dans les territoires et départements d'outre-mer le recours aux méthodes contraceptives et à l'avortement est très fortement encouragé, voire imposé aux populations racisées à la Réunion ou aux Antilles[20].

Desires, *op. cit.* ; Takeshita C., *The Global Biopolitics of the IUD*, *op. cit.* ; Watkins E. S., « From breakthrough to bust: The brief life of Norplant, the contraceptive implant », *Journal of Women's History* 22 (3), 2010, p. 88-111; Claro M., « Contraception et avortement », dans Rennes J. (dir.), *Encyclopédie critique du genre*, Paris, La Découverte, 2016, p. 136-148 ; Olszynko-Gryn J., « Technologies of contraception and abortion », *op. cit.*

18 Briggs L., *Reproducing Empire*, *op. cit.*

19 Pavard B., *Si je veux, quand je veux. Contraception et avortement dans la société française (1956-1979)*, Rennes, PUR, 2012.

20 Gautier A., *Genre et biopolitiques. L'enjeu de la liberté*, Paris, L'Harmattan, 2012 ; Gautier A. (dir.), *Les politiques de planification familiale. Cinq expériences nationales*, Paris, LPED/CEPED, 2004 ; Paris M., *Nous qui versons la vie goutte à goutte. Féminismes, économie reproductive et pouvoir colonial à la Réunion*, Paris, Dalloz, 2020, p. 291-350.

La lente libéralisation de la contraception en France

1920-1967 : une restriction des usages contraceptifs

Si diverses techniques de régulation des naissances existaient dès l'Antiquité et au Moyen Âge (abstinence, allaitement, retrait, pessaires obstructeurs[21], douches vaginales, remèdes et potions pour « faire revenir les règles », avortement provoqué par divers ustensiles, infanticide, puis préservatifs à base de peau d'animaux et éponges imbibées de substances acides), elles n'étaient pas utilisées dans toutes les classes de la société[22]. À partir de la fin du XVIIIe et du début du XIXe siècle, ces méthodes, pourtant condamnées par l'Église catholique, se démocratisent, notamment le retrait et l'avortement, et l'on observe une chute importante de la fécondité en France. C'est ce que le démographe Henri Leridon appelle la « première révolution contraceptive[23] ». Un siècle plus tard, nous l'avons vu, les mouvements dits « néomalthusiens » se développent en France et dans le reste de l'Europe. Ils rencontrent de nombreuses oppositions morales et politiques, à une époque où la crainte d'une « dépopulation »

21 Dispositif vaginal, de composition variable, placé au niveau du col de l'utérus pour empêcher l'entrée des spermatozoïdes dans celui-ci.

22 McLaren A., *Histoire de la contraception de l'Antiquité à nos jours*, Paris, Noêsis, 1996.

23 Leridon H., *La seconde révolution contraceptive*, *op. cit.*

de la France est forte[24]. Après les bouleversements démographiques dus à la Première Guerre mondiale, la Chambre des députés fait voter une loi contre la « prophylaxie anticonceptionnelle » (31 juillet 1920), qui interdit toute publicité, vente et prescription de produits abortifs (articles 1 et 2) et contraceptifs (articles 3 et 4)[25].

Cette interdiction légale n'empêche toutefois pas la diffusion dans l'entre-deux-guerres de nombreux objets ou produits, tels que des spermicides vendus en pharmacie ou par correspondance, des tests de grossesse, des calendriers Ogino pour prédire les périodes fertiles et infertiles du cycle menstruel, des préservatifs et des diaphragmes[26]. La loi de 1920 ne freine pas non plus l'activisme de certains médecins, dont le docteur Jean Dalsace (1893-1970), qui ouvre en 1935 la première consultation de contrôle des naissances en France, à Suresnes (chapitre 2). À partir des années 1950, plusieurs nouveaux contraceptifs font leur apparition sur le marché (voir la figure 4 qui suit). Les premières pilules,

24 De Luca Barrusse V., « Le complexe de la dénatalité. L'argument démographique dans le débat sur la prévention des naissances en France (1956-1967) », *Population* 73 (1), 2018, p. 9-34.

25 Article 3 : « Sera puni d'un à six mois de prison et d'une amende de cent francs à cinq mille francs quiconque, dans un but de propagande anticonceptionnelle, aura, par l'un des moyens spécifiés aux articles 1 et 2, décrit ou divulgué, ou offert de révéler des procédés propres à prévenir la grossesse, ou encore à faciliter l'usage de ces procédés. Les mêmes peines sont applicables à quiconque, par l'un des moyens énoncés à l'article 23 de la loi du 29 juillet 1881, se sera livré à une propagande anticonceptionnelle ou contre la natalité. »

26 Jean C., « La réinvention d'un risque : la lutte de l'administration contre le marché contraceptif », *Histoire @ Politique* 36, 2018, p. 1-14.

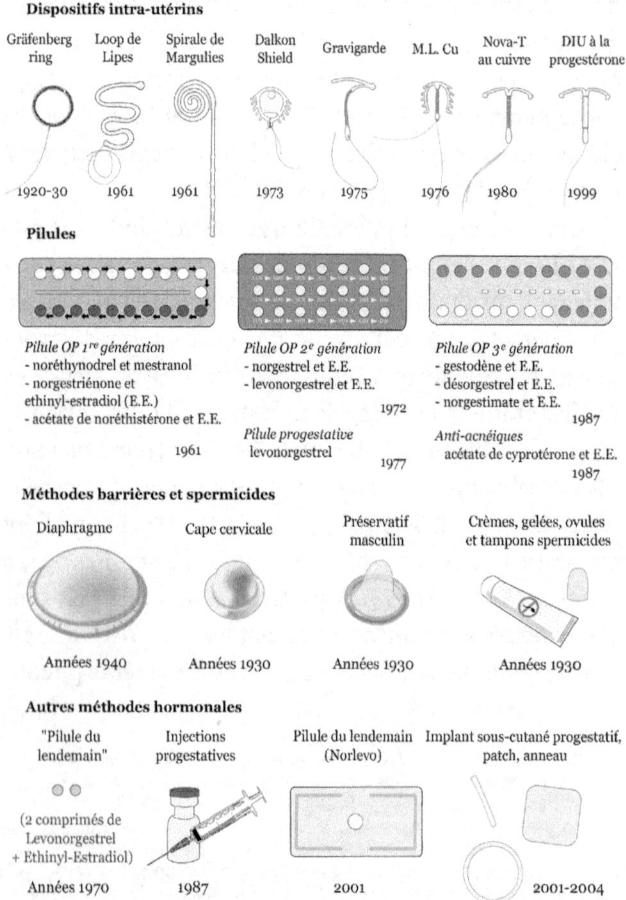

Figure 4 : Produits et dispositifs contraceptifs en circulation en France (années 1930-2004)

disponibles en France et dans le reste de l'Europe à partir de 1961, sont prescrites en marge de la loi, à des fins « thérapeutiques », comme « régulateurs du cycle menstruel » ou comme « bloqueurs de l'ovulation » contre les douleurs de règles. Mais cette diffusion demeure restreinte : jusqu'en 1967, la possibilité d'une utilisation à des fins contraceptives et non thérapeutiques n'existe pas dans l'autorisation de mise sur le marché (AMM) des pilules. Les médecins les prescrivent donc peu, car en le faisant hors AMM, ils s'exposent à des procès en cas de complication médicale et ne sont pas couverts par leurs assurances professionnelles. Au cours des années 1960, le Planning familial joue un rôle important dans la diffusion du diaphragme au travers de ses réseaux et dans la circulation transnationale de savoirs en matière de contraception entre la France et l'Angleterre, où le *birth control* est beaucoup plus développé[27]. Bien que certain·es expert·es du Planning familial importent des DIU (« stérilets ») des États-Unis, ces dispositifs restent peu prescrits. Les préservatifs eux, jamais interdits car utilisés pour prévenir la propagation des maladies vénériennes, sont très peu utilisés à des fins contraceptives[28]. Les méthodes de stérilisation,

27 Pavard B., « Du *birth control* au planning familial (1955-1960) : un transfert militant », *Histoire @ Politique* 18 (3), 2012, p. 162-178 ; Rusterholz C., « English women doctors, contraception and family planning in transnational perspective (1930s-1970s) », *Medical History* 63 (2), 2019, p. 153-172.

28 Simon P., *Le contrôle des naissances. Histoire – Philosophie – Morale*, Paris, Petite bibliothèque Payot, 1966, p. 192.

qui ne sont pas encadrées légalement avant 2001, ne sont pas non plus à strictement parler interdites et la ligature des trompes (stérilisation féminine) est parfois employée à des fins thérapeutiques ou de prévention, tandis que la vasectomie (stérilisation masculine) ne l'est quasiment jamais.

Ces usages contraceptifs, quoique marginaux, révèlent la situation de flou juridique existant avant la loi Neuwirth de 1967 : certaines méthodes sont disponibles légalement (préservatifs), d'autres sont accessibles pour des usages autres que contraceptifs (pilule) ; une partie n'est pas encore disponible à la vente, mais importée d'Angleterre ou des États-Unis (diaphragmes, DIU, spermicides) ou fabriquée dans des laboratoires en France (spermicides) ; d'autres méthodes, enfin, sont utilisées par les couples sans qu'ils consultent des médecins (retrait, méthode Ogino). Cette situation est compliquée par le double standard évoqué précédemment en matière de politique contraceptive, entre la métropole, où la contraception demeure interdite, et les départements d'outre-mer, où elle fait l'objet d'une promotion par l'administration, en collaboration avec des acteurs politiques et militants locaux[29]. L'évolution apportée par la loi de 1967 ne représente donc pas une rupture nette et soudaine avec la situation d'interdiction qui prévalait jusqu'alors. Car, d'une part, il n'a

29 Zancarini-Fournel M., « Contraception et avortement dans les Antilles françaises (Guadeloupe et Martinique, 1964-1975) », *op. cit.* ; Paris M., *Nous qui versons la vie goutte à goutte*, *op. cit.*

pas fallu attendre la loi Neuwirth pour que circulent des contraceptifs et, d'autre part, le vote de cette loi en 1967 ne s'est pas immédiatement traduit par la légalité des produits auparavant interdits.

Le combat pour la libéralisation de la contraception, malgré les oppositions

Après plusieurs années d'interdiction légale, le débat sur la contraception émerge au milieu des années 1950 dans la presse et dans la sphère politique. Marie-Andrée Lagroua Weill-Hallé, gynécologue convaincue de la nécessité pour les femmes de pouvoir choisir la temporalité de leurs grossesses, prononce en mars 1955 un discours à l'Académie des sciences morales et politiques sur la « maternité volontaire », où elle dénonce le sort tragique des femmes qui avortent clandestinement, au péril de leur santé ou même de leur vie. Ce discours amorce un travail de « scandalisation[30] », faisant du contrôle des naissances et de la réforme de la loi de 1920 les seules issues possibles pour éviter le drame des avortements clandestins. Les prises de position de Lagroua Weill-Hallé, largement relayées dans la presse, ouvrent le débat public sur la question de la réforme de la loi 1920,

30 Sanseigne F., *Inventer une cause, (dé)faire une loi : le cas de la contraception en France. Socio-histoire de la transformation d'une relation de pouvoir (1955-1967)*, thèse de doctorat, IEP de Lyon, 25 mars 2019, p. 117.

jugée « périmée et inhumaine[31] ». Dans le même temps, des propositions sont déposées à l'Assemblée nationale pour amender la loi de 1920, notamment par des soutiens proches de Lagroua Weill-Hallé et de son mari, Benjamin Weill-Hallé[32].

Le militantisme pour le planning familial

En 1956, donc, Lagroua Weill-Hallé fonde avec d'autres militantes l'association Maternité heureuse. Cette structure, au départ essentiellement composée de femmes, plutôt bourgeoises, repose sur la « respectabilité » de ses militantes. Ces mères de familles incarnent l'idée que la régulation des naissances n'est pas incompatible avec la natalité, mais qu'elle crée au contraire les conditions d'une bonne maternité. Elles plaident pour le droit des femmes à choisir le moment le plus opportun pour une grossesse, jugé indispensable pour garantir l'intégrité physique et mentale non seulement des mères, mais aussi de l'enfant à naitre. Bénéficiant de soutiens au sein de réseaux militants transnationaux du *birth control*, ces militantes se forment à la pose du diaphragme dans des cliniques à l'étranger (Belgique, Angleterre, Hollande). En 1959, Maternité heureuse devient membre de l'International Planned Parenthood Federation (IPPF, ou Fédération internationale de

31 Valabrègue C., « Une loi périmée et inhumaine », *France observateur*, 8 octobre 1959.

32 Pour les détails de l'histoire politique du vote la loi Neuwirth, voir Pavard B., *Si je veux, quand je veux*, *op. cit.*

la planification familiale), avant de se renommer, en 1960, « Mouvement français pour le planning familial » (MFPF). La stratégie de l'association évolue avec ce changement de nom : les militant·es, initialement guidé·es par l'objectif de rendre visible la cause contraceptive et le scandale des avortements clandestins, s'orientent vers un activisme visant à mettre à disposition des méthodes contraceptives. En juin 1961, le docteur Henri Fabre ouvre ainsi un premier centre de planning familial à Grenoble, juste avant que ne soit créé un centre à Paris. Pour pouvoir rendre accessibles les moyens contraceptifs en contournant la loi de 1920, le MFPF dispense des conseils en contraception et fournit des méthodes uniquement à ses adhérent·es.

À partir des années 1960, le nombre d'adhérent·es du MFPF connait une rapide expansion et l'association devient une fédération nationale de sections intervenant à l'échelle locale[33]. Le MFPF revendique peu à peu une expertise médicale et scientifique sur la contraception, notamment en créant en février 1961 le Collège médical du MFPF, qui rallie de nombreux médecins hommes à l'association[34]. Grâce à cette structure parrainée par des personnalités médicales très prestigieuses, qui rassemble des médecins reconnus, le MFPF brigue

33 *Ibid.*, p. 62.

34 Garcia S., « La création du collège des médecins : un coup de force symbolique », dans Bard C. et Mossuz-Lavau J., *Le planning familial : histoire et mémoire, 1956-2006*, Rennes, PUR, 2007, p. 109-118.

une respectabilité nouvelle associée au crédit de la profession médicale.

En parallèle, la mobilisation pour abroger la loi de 1920 se poursuit, et de nouveaux projets de loi sont déposés en 1961 à l'Assemblée nationale. Les discussions que suscite le mouvement sont très médiatisées dans la presse quotidienne et féminine[35]. Si l'administration et le gouvernement oscillent un temps entre laisser-faire et réforme[36], ces débats prennent une ampleur nouvelle avec la campagne pour l'élection présidentielle de 1965.

La contraception au cœur de la campagne pour les élections présidentielles de 1965

Au cours de la campagne présidentielle, le candidat socialiste François Mitterrand se déclare favorable à une politique plus libérale en matière de régulation des naissances et à un changement législatif allant dans ce sens. Soutenue et relayée par différents organes de presse et notamment les magazines féminins, sa prise de position en faveur de la contraception devient l'un des points centraux de la campagne électorale et chaque candidat se voit contraint de se prononcer sur cette question. Cet écho médiatique agit comme un catalyseur sur l'avancée

35 Pavard B., « Genre et militantisme dans le Mouvement pour la liberté de l'avortement et de la contraception. Pratique des avortements (1973-1979) », *Clio. Femmes, genre, histoire* 29, 2009, p. 79-96.

36 Sanseigne F., « L'État contre lui-même. Contraception et illégalismes d'État de la métropole aux DOM (1961-1967) », *Genèses* 121, 2020, p. 52-75.

politique et législative de la réflexion, puisque peu de temps après, le ministre de la Santé Raymond Marcellin commande un rapport à des chercheur·euses de l'Institut national de la santé et de la recherche médicale (INSERM) sur l'efficacité et l'innocuité des contraceptifs oraux. Ce rapport contribue à focaliser le débat sur le problème des effets des pilules œstroprogestatives et produit un premier glissement dans l'appréhension de la question de l'accès à la contraception : elle se résume désormais à la disponibilité de la pilule et occulte l'enjeu de l'accès aux autres méthodes. Le rapport, remis en mars 1966, conclut à l'innocuité des contraceptifs oraux dans la limite de certaines contre-indications, ainsi qu'à leur efficacité. Sa publication est immortalisée dans une célèbre couverture du magazine *Paris Match*, qui titre le 26 mars 1966 «Feu vert pour la pilule», avec la photo d'une femme portant un bébé souriant dans ses bras.

À partir de 1965, les articles se multiplient dans la presse quotidienne, relayant les conclusions de la commission INSERM sur l'innocuité des contraceptifs oraux, ou encore les interventions des expert·es auditionné·es par l'Assemblée dans le cadre du projet de loi Neuwirth en 1966. Le «pour ou contre» le contrôle des naissances se transforme assez rapidement en «pour ou contre» la pilule, selon un registre parfois scientifique, parfois moral. Dans les titres de la presse, le «projet de loi sur la régulation des naissances» ou «projet de loi Neuwirth» devient rapidement «loi sur la pilule».et ce glissement sémantique contribue à associer durablement le nom de Neuwirth à la pilule[37]. Évelyne Sullerot, co-fondatrice du MFPF dénonce alors le pilulocentrisme du débat :

> On ne parle plus que de la pilule, et cette pilule, à la fin, finit par écœurer… Faites moisson de journaux, et vous verrez : pilule, pilule, pilule… Comme si tout était là, comme si le planning familial c'était devenu une question, mesquine et chimique, de trucs et de machins. Le débat, qui fut philosophique et moral, économique et démographique aussi, devrait devenir politique au grand sens du terme. Au lieu de cela, il se fait chimique et même pharmaceutique[38].

Les oppositions au birth control : *des réticences à la pilule ?*

Tout au long des années 1950 et 1960, et de manière accentuée lors des débats parlementaires, divers groupes sociaux expriment leur opposition au contrôle des naissances[39]. Les milieux natalistes, et parmi eux, les démographes de l'Institut national d'études démographiques (INED), alors dirigé par Alfred Sauvy, font valoir leur expertise pour contrer les arguments de Maternité heureuse. Selon Sauvy, la libéralisation de la contraception risque d'entrainer un effondrement

37 Richard S., « M. Neuwirth défend la pilule », *L'Express*, 20 juin 1966 ; « Alfred Sauvy dit oui à la pilule », *L'Express*, 31 octobre 1966 ; Merchier G., « Usage de la "pilule" autorisé », *L'Aurore*, 2 décembre 1966 ; Follea L., « L'Assemblée nationale autorise la pilule contraceptive », *Le Monde*, 7 mai 1999 ; Caroué Y., « Celui qui fit passer la pilule », *Le Populaire du Centre*, 27 novembre 2013.

38 Sullerot E., « Une pilule indigeste », *Réforme*, 2 avril 1966.

39 Pavard B., *Si je veux, quand je veux*, *op. cit.*

démographique en France, dans un contexte fragile de reconstruction. Attisant la crainte d'une dépopulation qui existait depuis la fin du XIXe siècle, Sauvy intervient régulièrement dans la presse à partir de 1955 pour s'opposer à la campagne pour la régulation des naissances. Une partie du travail des militantes du *birth control* consiste à produire une contre-expertise, notamment démographique, pour défaire l'idée que la libéralisation du contrôle des naissances conduirait nécessairement à une chute de la natalité : selon les militantes, elle aurait l'effet inverse.

Le deuxième adversaire politique d'une réforme favorable à la contraception, plus inattendu, est le Parti communiste français (PCF), qui se prononce en 1956 contre une libéralisation de la loi de 1920. C'est d'autant plus étonnant, note l'historienne Bibia Pavard, que plusieurs médecins engagé·es en faveur de la contraception sont elleux-mêmes communistes et que le PCF était, dans les années 1920 et 1930, favorable à une maternité émancipée, à l'avortement libre et gratuit, et opposé à la loi de 1920. Ce retournement du PCF s'explique par le tournant nataliste que connait l'URSS à partir de 1936. Le parti présente alors le contrôle des naissances comme une émanation des milieux favorisés, porteurs d'une idéologie bourgeoise et impérialiste importée des États-Unis, dans le but de limiter la croissance démographique des classes populaires. Ce positionnement du PCF conduit à la rupture avec certain·es de ses partisan·es, à l'instar de Jean Dalsace, qui quitte le parti en 1956. Le PCF finit par rallier les soutiens de la libéralisation de la contraception en 1965, après la prise de position de François Mitterrand.

Au cours de ces débats se manifestent également des oppositions religieuses et morales à la libéralisation de la contraception. En 1930 est publiée l'encyclique *Casti connubii*, contre la limitation des naissances. Fidèle à la doctrine catholique selon laquelle la sexualité doit s'inscrire exclusivement dans un cadre conjugal et avoir pour but la procréation, le texte met en avant la tempérance. L'abstinence périodique est désignée par la hiérarchie catholique comme seule méthode légitime de régulation des naissances, et uniquement pour les couples hétérosexuels mariés. Les prises de position de militant·es catholiques contre la contraception se multiplient au cours des années 1960. Beaucoup de figures militantes du MFPF pointent du doigt l'imprégnation catholique et conservatrice des dirigeant·es politiques et du corps médical pour expliquer la lenteur de l'évolution législative. En 1968 parait l'encyclique *Humanae vitae*, qui condamne cette fois le recours aux moyens dits « modernes » de contraception, dont la pilule[40]. Le pape Paul VI y réaffirme la légitimité des méthodes « naturelles » (abstinence périodique, auto-observation des températures ou de la glaire) par opposition aux techniques dites « artificielles », non

40 SEVEGRAND M., *Les enfants du bon Dieu. Les catholiques français et la procréation au xxe siècle*, Paris, Albin Michel, 1995.

seulement parce que la contraception est en elle-même condamnable, mais parce qu'il juge que ces méthodes trop efficaces ouvriraient la voie à l'infidélité conjugale et à la déchéance morale des couples. Une partie de la hiérarchie catholique s'oppose au positionnement de Paul VI : le blocage de l'ovulation temporaire ou la « mise au repos de l'ovaire » devrait être préconisé par l'Église au même titre que l'abstinence périodique. John Rock, catholique pratiquant qui réalise aux côtés de Pincus les tests cliniques de la première pilule, adopte ce point de vue. Paul Milliez, médecin du MFPF, ancien résistant et fervent catholique de gauche, joue également un rôle important dans la légitimation du combat pour le planning au sein de la communauté catholique en France. S'exprimant régulièrement dans la presse en tant que « médecin catholique », il marque sa distance avec le Saint-Siège et défend l'idée que le contrôle des naissances n'est pas contraire aux principes religieux. Pierre Simon, membre du Collège médical du Planning familial, relève pareillement un décalage entre le dogme prôné par l'Église dans les années 1930 à 1960 et les pratiques des couples catholiques, qui ont aussi recours au contrôle des naissances et y sont majoritairement favorables[41].

Les réticences à la contraception qui invoquent le dogme religieux s'inscrivent plus généralement dans la crainte conservatrice d'une « débauche sexuelle »

41 Simon P., *Le contrôle des naissances*, *op. cit.*

susceptible d'être permise par la pilule. Les contraceptifs sont parfois perçus comme accordant aux individus – notamment aux femmes[42] – les moyens d'une trop grande liberté sexuelle. Celles-ci n'auraient plus, grâce à ces méthodes, à supporter les conséquences physiques et sociales de leur « faute » (c'est-à-dire d'une sexualité non conjugale ou seulement pour le plaisir). Ces critiques morales érigent la contraception en général, et la pilule en particulier, au rang de menace pesant sur les rapports de genre traditionnels. En effet, le recours au retrait pour limiter les naissances lors des relations sexuelles maintiendrait les femmes dans une forme de subordination aux hommes, que la pilule contraceptive et le DIU remettraient en cause. Certains hommes expriment leur crainte de perdre le contrôle sur la sexualité des femmes, et particulièrement de leur conjointe.

Cette peur transparait dans les restrictions initiales de l'accès à la pilule pour les jeunes femmes. En effet, dans le cadre de la loi Neuwirth, l'accès aux contraceptifs oraux est soumis à une autorisation parentale jusqu'à 21 ans (âge de la majorité à l'époque), ce qui renforce le contrôle social sur la sexualité des femmes jeunes. Seules les relations sexuelles légitimes – aux yeux des parents dans le cas de femmes de moins

42 Allain-Regnault M., « Contraception : résistance des femmes, des hommes… et des médecins », *Le Monde*, 23 juin 1975 ; « L'autorisation de la propagande anticonceptionnelle ne ferait qu'accentuer le climat d'érotisme, déclarent les associations familiales catholiques », *Le Monde*, 11 novembre 1965.

de 21 ans — sont facilitées par l'évolution législative. La loi Neuwirth ne prévoit pas non plus le remboursement des contraceptifs par la Sécurité sociale, ce qui limite de fait leur accès pour les jeunes sous dépendance économique de leurs parents. Dans un premier temps, la pilule est ainsi pensée comme un ciment pour le couple hétérosexuel dans un cadre strictement conjugal[43]. Ce n'est donc pas la sexualité de toutes les femmes qui est «libérée» par la légalisation de la contraception, mais seulement celle de certaines, légitimées par le cadre du couple hétérosexuel. La loi Veil de 1974 sur la régulation des naissances constitue une évolution notable par rapport à cette approche puisqu'elle reconnait le droit des mineures à accéder à une contraception, et ce, de manière gratuite et anonyme. Plus que la légalisation de la contraception et la régulation des méthodes médicalisées, c'est le remboursement effectif de ces dernières qui participe à faire évoluer les rapports de genre et à la sexualité.

Dans les milieux médicaux, les réticences à la pilule mêlent à la fois arguments moraux et arguments médicaux. Ce produit nouveau et mal connu de la plupart des médecins suscite de l'appréhension, car ses effets à long terme sont inconnus, mais aussi en raison de la «facilité d'emploi» du contraceptif. La «pilule anovulatoire» (qui bloque l'ovulation) apparait comme «plus antinaturelle que les moyens mécaniques: préservatifs

43 Pavard B., *Si je veux, quand je veux*, *op. cit.*, p. 80.

masculins et féminins »[44]. À première vue, cette opinion ne fait que traduire un principe de précaution courant en médecine lorsque de nouveaux produits sont mis sur le marché. Pourtant, le vocabulaire employé qualifiant la pilule d'« antinaturelle » ou d'« antiphysiologique » reprend très directement la rhétorique de l'Église catholique concernant les contraceptifs. Cette vision morale se conjugue à une certaine conception de la médecine comme étant exclusivement destinée à soigner les maladies. Or la pilule a pour but non pas de guérir, mais d'offrir un « confort sexuel meilleur » :

> Prescrire une « pilule » à une femme bien portante, c'est prescrire un dérèglement à un organisme normal, c'est prescrire la « maladie » (combien de femmes malades de cycles anovulaires hantent les consultations de stérilité !) à une personne saine. C'est, me semble-t-il, la première fois que la médecine de tradition hippocratique se permet, le plus simplement du monde, une telle transgression à sa règle d'or : « *Primum, non nolere* ». [...] Que des médecins se permettent de trahir leur vocation au point d'utiliser la science à dérégler volontairement un système fragile, qu'ils connaissent très incomplètement et qu'ils sont, le plus souvent, incapables de régler s'il ne l'est pas naturellement, voilà qui est grave, extrêmement grave[45]...

44 Docteur F. I., « Objections à l'usage contraceptif des pilules anovulatoires », *La Revue de médecine* 1, janvier 1963, p. 42.

45 « La contraception », *Le Monde*, 13 avril 1968.

Qu'ils soient portés par des médecins, par des représentants de l'Église catholique, ou même par une partie de la presse, ces argumentaires témoignent d'une approche conservatrice qui redoute les changements sociaux ou médicaux promis par l'arrivée de méthodes contraceptives ayant une efficacité élevée et aux mains des femmes. Ces oppositions expliquent également que la pilule soit devenue un symbole d'émancipation vis-à-vis des institutions patriarcales.

La loi Neuwirth et sa lente mise en place : une victoire en demi-teinte pour les militant·es

La loi Neuwirth entre en vigueur le 29 décembre 1967[46]. Beaucoup de voix déplorent alors le cadre trop restrictif qu'elle instaure, ou la lenteur de sa mise en œuvre[47]. De nombreuses critiques s'élèvent lors de la parution des premiers décrets d'application de la loi en 1969, notamment au sujet de la mise en place de carnets à souche[48]. Ces derniers sont dénoncés car ils instaurent une surveillance des femmes par le milieu médical et pharmaceutique : on y lit le nom des femmes à qui la pilule a été prescrite

46 Loi n° 67-1176 du 28 décembre 1967 relative à la régulation des naissances et abrogeant les articles L. 648 et L. 649 du Code de la santé publique.

47 Chauveau S., «Les espoirs déçus de la loi Neuwirth», *Clio. Femmes, genre, histoire* 18, 2003, p. 223-239.

48 La prescription de contraceptifs oraux est conditionnée à la délivrance par le médecin d'un bon tiré d'un carnet à souche, en plus de l'ordonnance. Cette pratique censée éviter les abus est utilisée généralement pour la délivrance de médicaments dangereux ou addictifs, comme les opiacés.

et celui des médecins qui ont rédigé l'ordonnance, le tout étant consigné dans le registre de la pharmacie qui délivre la pilule. Ces carnets placent les contraceptifs oraux dans une profonde illégitimité en les assimilant à des produits dangereux ou addictifs nécessitant la plus grande surveillance des pouvoirs publics. Nous l'avons vu, la loi rend également obligatoire l'autorisation parentale pour la délivrance de contraceptifs aux mineures, et elle ne précise pas de conditions de remboursement des contraceptifs. Elle laisse par ailleurs en suspens la question des conditions de mise sur le marché des produits et de leur délivrance, puisque chaque article est renvoyé à « un règlement d'administration publique [qui] détermin[e] les modalités d'application » de la loi. Bien qu'il soit stipulé que « les règlements d'administration publique doivent être publiés au plus tard dans les six mois qui suivent la promulgation de la présente loi », ces règlements ne paraissent qu'assez tardivement, entre 1969 et 1972, ce qui trahit les attentes des partisan·es de la nouvelle législation.

Un premier décret publié en 1968 dérembourse les médicaments hormonaux susceptibles d'être utilisés à des fins non thérapeutiques[49], dont certains étaient auparavant prescrits et pris en charge par la Sécurité sociale. Les décrets qui paraissent en 1969 précisent les conditions de délivrance des contraceptifs oraux et

49 Décret nº 68-544 du 13 juin 1968 complétant le décret nº 67-441 du 5 juin 1967 relatif aux conditions de remboursement des médicaments aux assurés sociaux.

d'utilisation du carnet à souche[50]. Ce n'est qu'en 1972 que sont adoptés les décrets réglementant les conditions d'utilisation des DIU[51], qui se révèlent plus restrictives que les pratiques alors en vigueur : les DIU ne peuvent plus être insérés en dehors de centres agréés par la préfecture (centres hospitaliers publics ou privés, ou consultations spécialisées d'orthogénie), qui doivent justifier de la possession d'installations et d'appareils définis par arrêté ministériel. La pose du DIU en cabinet privé est donc matériellement rendue impossible, sauf dans des cas exceptionnels, parce qu'elle nécessite un investissement matériel et administratif important de la part des professionnel·les de santé souhaitant la pratiquer. Le décret exclut également les non-spécialistes de cette pratique.

La loi Neuwirth instaure ainsi les conditions d'un monopole médical sur la prescription contraceptive. Les contraceptifs oraux, les DIU et les diaphragmes relèvent désormais de la seule prérogative médicale, tandis que les autres méthodes n'entrent pas dans le cadre

50 Décrets n° 69-104 et n° 69-105 du 3 février 1969 portant règlement d'administration publique pour l'application de certaines dispositions de la loi n° 67-1176 du 28 décembre 1967 relative à la régulation des naissances et abrogeant les articles L. 648 et L. 649 du Code de la santé publique.

51 Décret n° 72-180 du 7 mars 1972 portant application du quatrième alinéa de l'article 3 de la loi n° 67-1176 du 28 décembre 1967 relative à la régulation des naissances et abrogeant les articles L. 648 et L. 649 du Code de la santé publique ; arrêté du 2 avril 1972 fixant les conditions techniques requises des établissements et cabinets médicaux pour l'insertion des contraceptifs intra-utérins (*Journal officiel*, 26 avril 1972).

d'une prescription. Le cadre législatif progressivement défini entre 1967 et 1974 se révèle donc assez restrictif. L'historienne Sophie Chauveau attribue la lenteur de parution des décrets à une administration zélée et aux réticences morales et médicales à l'égard de produits sur lesquels on manquait de recul[52]. Elle remarque qu'un tel zèle n'est pas déployé pour d'autres produits médicaux comme le diéthylstilbestrol, qui sera pourtant interdit à la vente quinze ans plus tard, du fait de ses effets néfastes sur la descendance des femmes l'ayant consommé. Cette relative hostilité des pouvoirs publics à l'application de la loi Neuwirth aurait pour cause les positionnements conservateurs des administrateurs locaux, en décalage idéologique avec les députés ayant fait voter la loi. Ce flottement résulte également des difficultés à définir une nouvelle catégorie de produits pharmaceutiques, dont le but n'est plus seulement le soin, mais le bien-être social et familial.

La loi Veil de 1974 : la véritable libéralisation de la contraception

La loi Veil du 4 décembre 1974 élargit considérablement les conditions d'accès aux différentes méthodes et marque le début d'une réelle politique publique en matière contraceptive. Elle institue en effet le remboursement des contraceptifs[53], autorise les centres

52 Chauveau S., « Les espoirs déçus de la loi Neuwirth », *op. cit.*
53 À 70 % puis à 65 %, au même titre que les autres médicaments.

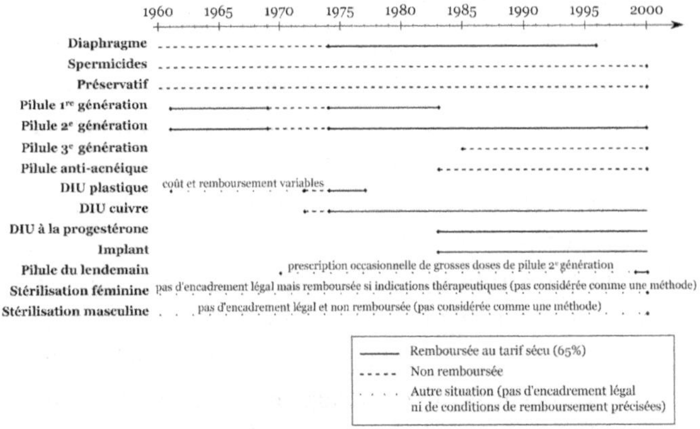

Figure 5 : Disponibilité et remboursement des méthodes contraceptives soumises à prescription (1960-2000)

© Alexandra Roux.

de planning familial à les distribuer gratuitement et intègre l'ensemble des « produits, médicaments ou objets contraceptifs » dans le dispositif de régulation par demande d'autorisation de mise sur le marché. Les contraceptifs locaux (diaphragmes, spermicides, dispositifs intra-utérins) font désormais partie des produits pharmaceutiques que les médecins peuvent prescrire. La loi élargit également la prescription et la gratuité des contraceptifs aux mineures sans autorisation parentale. Toutefois, dans les faits, ce remboursement n'est pas valable pour toutes les méthodes. La mise sur le marché d'un produit pharmaceutique nécessite en effet que l'entreprise cherchant à le commercialiser et les pouvoirs publics négocient pour en fixer le prix et pour déterminer s'il sera remboursé ou non. Ce processus implique que la firme accepte une éventuelle baisse du prix du produit afin qu'il corresponde à celui proposé par la commission de remboursement, mais aussi que les pouvoirs publics aient la volonté de rembourser le produit ou dispositif en question parce qu'ils le jugent important. La plupart des pilules œstroprogestatives et progestatives, des DIU au cuivre et des diaphragmes ont fait l'objet d'un remboursement dès la fin des années 1970. Les spermicides et les préservatifs, au contraire, n'ont jamais été remboursés, ce qui est révélateur d'une hiérarchie entre les différentes méthodes établie par les pouvoirs publics. La figure 5 synthétise la disponibilité et le remboursement des différentes méthodes contraceptives entre 1960 et les années 2000. Elle permet de constater que la libéralisation de la contraception en France a été un processus lent qui s'étend des années 1950 aux années 1970, plutôt qu'une rupture nette instituée par la légalisation de 1967.

L'émergence d'une centralité de la pilule malgré les polémiques autour des risques et effets secondaires

Des années 1960 aux années 2000, la pilule fait l'objet de nombreux débats scientifiques sur ses risques et effets secondaires. Ces discussions, qui ont lieu principalement dans le monde anglo-saxon, trouvent toutefois un écho en France, même si elles ne remettent pas en cause durablement l'usage de la pilule comme elles le font aux États-Unis ou au Royaume-Uni.

La mise en évidence des risques et contre-indications des pilules

L'historienne Lara Marks étudie les débats sur les risques de la pilule entre les années 1950 et les années 2000. Quelle traduction trouvent-ils en France et quelles réponses leur sont-elles apportées ? Ces polémiques perdurent-elles jusqu'à aujourd'hui ? Dès les années 1960, les principaux débats sur les risques liés aux œstro-progestatifs portent sur le danger thrombo-embolique, sur les liens entre pilules et cancer, et, dans une moindre mesure, sur la question des effets tératogènes[54] de la pilule. Si les doutes sur ces derniers effets sont très vite dissipés, les deux autres types de risque font l'objet de débats récurrents pendant les quatre décennies qui suivent la commercialisation de la pilule. En quoi consistent ces risques ? Sont-ils élevés ? À quoi peut-on les comparer ? Une partie des expert·es avancent qu'il faudrait les comparer avec ceux qu'une grossesse ou

54 Risques de malformations, lorsque le fœtus est exposé à une substance dangereuse pendant la gestation. Cette inquiétude porte sur les cas où la pilule n'aurait pas empêché la fécondation et où le fœtus serait exposé aux hormones qu'elle contient.

un accouchement font peser sur les femmes[55]. D'autres affirment que la pilule induit des changements systématiques dans l'organisme et qu'il faut plutôt contrebalancer les dangers auxquels les femmes s'exposent sous contraceptifs oraux avec ceux qui résultent de l'utilisation d'autres méthodes contraceptives (y compris moins efficaces)[56]. Les discussions sur les éléments à faire entrer dans le calcul de la « balance des risques et des bénéfices » – selon l'expression mobilisée par les épidémiologistes et médecins – des contraceptifs oraux se poursuivent jusqu'à aujourd'hui.

Les premières mises en cause des risques thrombo-emboliques dans les pays anglo-saxons

Au cours des années 1960, la FDA étatsunienne reçoit plusieurs rapports qui établissent un lien entre les décès de femmes dus à la formation de caillots sanguins dans leurs veines (phénomène médicalement désigné sous le terme de « thrombophlébite ») et la prise d'un contraceptif oral[57]. Ces complications sont inattendues : jusque-là, les inquiétudes vis-à-vis des œstroprogestatifs étaient

55 Marks L. V., *Sexual Chemistry*, *op. cit.*, p. 127-128.

56 Le docteur William Inman, qui a étudié les effets thrombo-emboliques des pilules pour l'autorité de régulation du médicament britannique dans les années 1960 et 1970, critique la mise en équivalence des risques de thromboses sous pilule avec ceux de la grossesse. Selon lui, si les méthodes mécaniques ont un taux d'échec de 10 % et les contraceptifs oraux de 0 % (prévision optimiste), alors le taux de mortalité dû aux contraceptifs oraux doit être comparé à un dixième du taux de mortalité associé à une grossesse.

57 Marks L. V., *Sexual Chemistry*, *op. cit.*, p. 138-140.

surtout focalisées sur le risque de cancer. Dans le contexte du scandale de la thalidomide, qui fait les gros titres des journaux en 1961[58], les instances de régulation du médicament sont renforcées en Angleterre, en Norvège et aux États-Unis. Cette affaire contribue plus largement à la mise en place d'un dispositif d'autorisation de mise sur le marché (AMM) plus strict dans plusieurs pays européens, dont la France[59]. Les rapports de ces accidents veineux avec les contraceptifs oraux déclenchent des débats entre expert·es sur la procédure la plus appropriée pour envisager la question des thromboses et y apporter une réponse adaptée. Les instances de pharmacovigilance anglaise et nord-américaine ont du mal à mettre en évidence ces liens du fait de difficultés de mesure et de la nécessité de recourir à de larges échantillons d'analyse. De plus, démontrer le rôle des contraceptifs oraux dans les complications de thromboses veineuses, artérielles, de thromboembolie (caillots sanguins qui migrent jusqu'aux poumons et interfèrent avec les processus respiratoires), ou dans les infarctus du myocarde s'avère une tâche difficile,

58 La thalidomide est un antinauséeux ou sédatif, utilisé dans les années 1950 et 1960, qui a entrainé chez les femmes enceintes de graves malformations congénitales. Il est retiré du marché mondial en 1961. La médiatisation très forte de ce scandale sanitaire conduit plusieurs pays à renforcer leurs instances de pharmacovigilance, notamment la FDA aux États-Unis, et à durcir la régulation des mises sur le marché de médicaments. À partir de 1962, les firmes sont par exemple obligées, lorsqu'elles font la publicité d'un produit pharmaceutique, d'informer sur ses effets secondaires. En Angleterre, le Committee on Safety of Drugs est créé en 1964 à la suite de cette affaire.

59 Hauray B. et Urfalino P., « Expertise scientifique et intérêts nationaux », *Annales. Histoire, sciences sociales* 2, 2007, p. 273-298.

car d'autres facteurs de risque interviennent dans ces pathologies, dont l'obésité, le diabète, le tabagisme, les grossesses ou encore les opérations chirurgicales. Les instances de pharmacovigilance se tournent alors vers des chercheur·euses en épidémiologie. Le Royal College of General Practitioners lance en Grande-Bretagne la première grosse étude sur les risques des pilules et publie en 1967 un article dans le *British Medical Journal* établissant le lien entre affections thrombo-emboliques et contraceptifs oraux, avec une prévalence trois fois plus grande chez les femmes qui prennent la pilule que chez celles qui ne la prennent pas[60]. Ces premières études sont confirmées à partir de 1970 par des recherches suédoises, danoises et anglaises, qui montrent que le risque de thrombose augmente après 35 ans chez les utilisatrices de pilules. Le risque s'accroit encore avec le tabagisme, et bien qu'il diminue avec les pilules à dosages plus faibles en œstrogènes, il persiste néanmoins. Il est toutefois considéré comme modeste par rapport aux risques lors de la grossesse ou de l'accouchement, bien que la fréquence de prise de contraceptifs oraux soit nettement plus importante au cours de la vie d'une femme que celle de ses grossesses.

L'écho médiatique de ces risques est à son comble en 1969 en Grande-Bretagne et aux États-Unis. En août 1969, le *British Medical Journal* critique la profession médicale britannique pour sa complaisance

60 Marks L. V., *Sexual Chemistry*, *op. cit.*, p. 147.

envers la pilule en dépit de ses effets secondaires, et de nombreux articles dans la presse non médicale relaient les risques mortels associés à la prise de contraceptifs oraux, mettant en cause les lacunes de l'information délivrée aux femmes par les prescripteur·ices. La pression médiatique conduit le Comité sur la sûreté des médicaments à recommander fin 1969 la prescription des pilules dosées à moins de 50 µg d'œstrogènes et à imposer le retrait des pilules plus fortement dosées du marché britannique. Aux États-Unis, la journaliste et militante Barbara Seaman publie en octobre 1969 un livre intitulé *The Doctors' Case Against the Pill*[61], qui expose les souffrances et pathologies vécues par les utilisatrices de contraceptifs oraux et offre une tribune aux médecins pour critiquer l'innocuité du produit. Bien que la dénonciation des effets médicaux des contraceptifs oraux ait d'autres précédents médiatiques aux États-Unis, le livre de Seaman est le premier qui soit écrit par une femme et qui se focalise sur les expériences des utilisatrices. Sa parution conduit à une série d'audiences publiques au Sénat des États-Unis autour des effets des contraceptifs oraux, qui aboutissent fin 1969 à l'obligation pour les fabricants de pilules d'indiquer sur la notice les effets secondaires indésirables du produit[62]. Très relayées dans la presse américaine, ces audiences

61 Seaman B., *The Doctors' Case Against the Pill*, New York, P.H. Wyden, 1969.

62 Watkins E.S., *On the Pill*, *op. cit.*

déclenchent une polémique nationale sur les effets de la pilule sur la santé des femmes et se traduisent par une désaffection importante et durable à l'égard de ce contraceptif : à la suite de ces auditions, près d'une utilisatrice de pilule sur cinq cesse de recourir à cette méthode, et près d'une utilisatrice sur quatre envisage d'en changer[63].

Au cours des années 1970-1980, la baisse des doses d'œstrogènes dans les contraceptifs oraux induit une réduction des risques, mesurée par les enquêtes épidémiologiques. Les polémiques sont toutefois réactivées en octobre 1995, lorsqu'un article incrimine des pilules faiblement dosées, contenant des progestatifs de 3e ou 4e générations (le gestodène et le désogestrel), qui induiraient un sur-risque de thromboses par rapport aux produits microdosés de 2e génération. Cette mise en cause scientifique, également très médiatisée, provoque comme en 1969 une réaction rapide du gouvernement britannique, qui ordonne aux prescripteur·ices de ne pas renouveler les ordonnances pour ces nouveaux produits et de leur substituer des pilules de 2e génération. Il s'ensuit une modification très rapide des pratiques prescriptives et contraceptives dans de nombreux pays. Fortement critiquée par une partie des praticien·nes britanniques qui la trouve prématurée et peu fondée, cette décision réveille néanmoins de vieilles polémiques sur les

63 Marks L. V., *Sexual Chemistry*, *op. cit.*, p. 151.

risques à prendre en compte dans le calcul de l'incidence des contraceptifs oraux sur la santé de ses utilisatrices.

Le spectre du cancer sur les contraceptifs oraux

Le lien entre contraceptifs oraux et cancer a fait l'objet d'une plus grande attention que celle portée aux risques thrombo-emboliques et a été mieux anticipé[64]. Dès les années 1930, des expériences mettent en évidence l'impact des œstrogènes dans la croissance de tumeurs chez certains animaux comme la souris. Ces expériences, reproduites sur les primates, s'avèrent moins concluantes. Le rapport entre hormones stéroïdes et survenue de cancers continue néanmoins à susciter des débats dans les décennies qui suivent. Ayant ces travaux en tête, Pincus et Rock réalisent des frottis vaginaux et cervicaux, des biopsies de l'endomètre et des examens des seins réguliers lors des premiers essais cliniques de la pilule Enovid. En 1964, une équipe de chercheur·euses de l'université d'Oregon met en évidence une corrélation entre certaines hormones contenues dans Enovid et la survenue de cancers chez les rates auxquelles cette pilule a été administrée. Au cours des années 1960 et 1970, d'autres études montrent la survenue de cancers du sein chez certaines chiennes traitées avec des contraceptifs oraux et le développement de tumeurs non malignes du foie dans de rares cas de prise de contraceptifs oraux. Ces recherches s'inscrivent dans le contexte du scandale

64 Marks L. V., *Sexual Chemistry*, *op. cit.*, p. 159-182.

du diéthylstilbestrol, un produit stéroïde contenant des taux élevés d'œstrogènes, utilisé pour la prévention des fausses couches à partir des années 1940 et mis en cause au cours des années 1980 pour avoir provoqué des cancers du vagin et du sein chez des femmes dont les mères avaient consommé ce médicament pendant leur grossesse.

À l'inverse, d'autres investigations suggèrent le rôle des contraceptifs oraux dans la prévention des cancers du sein et du col de l'utérus. En 1961, Pincus annonce qu'Enovid aurait un rôle dans la prévention des cancers, affirmation ensuite étayée par d'autres travaux dans les années 1970 concernant la prévention des tumeurs des ovaires et de l'endomètre. Dans les années 1980, plus d'une dizaine d'études de cas témoins aux méthodologies variées confirment ces données, en montrant que les contraceptifs oraux réduisent le risque de cancer de l'ovaire d'environ 40 %, et préviennent également les cancers de l'endomètre. Mais en 1983, de nouvelles recherches établissent un lien entre progestatifs contenus dans les contraceptifs oraux et survenue de cancers du sein et cervicaux, et suggèrent que le risque de cancer augmenterait avec la durée de prise de ces produits. Les résultats de ces travaux sont toutefois contestés : la FDA déclare en 1984 que les preuves sont insuffisantes pour interdire ces produits, tout en préconisant de ne pas les prescrire aux femmes ayant des antécédents familiaux de cancer du sein ; une étude étatsunienne de 1989, de quatre fois l'ampleur de celle de 1983, ne trouve pas de rapport entre contraceptifs oraux et cancer du sein.

Les épidémiologistes demeurent longtemps divisé·es sur la méthodologie statistique à utiliser pour mettre en évidence ce lien: plus de trente études épidémiologiques sont entreprises jusqu'à la fin des années 1980 pour évaluer les corrélations entre contraceptifs oraux et cancer du sein, mais aucune ne parvient à montrer un lien statistique significatif. En 1989, la professeure Valerie Beral, nommée à la tête de l'Imperial Cancer Research Fund Epidemiology Unit d'Oxford, entreprend de compiler l'ensemble des données disponibles dans ces différents travaux avec l'aide des épidémiologistes qui les ont produits, soit des informations sur 53 297 femmes. Cette étude publiée en 1996 dans la revue médicale *The Lancet* met en évidence que la pilule a bien un effet cancérigène dans le cas d'une utilisation récente du médicament: de fait, l'augmentation des taux de mortalité du cancer du sein survient chez les femmes qui ont pris la pilule au cours des dix années précédant l'enquête. L'effet cancérigène diminue après dix ans d'interruption de la prise de pilule. Le risque est faible, et les tumeurs diagnostiquées chez les femmes sous pilule tendent à être localisées et cliniquement moins avancées que celles des femmes qui n'ont jamais consommé de contraceptifs oraux. Ces résultats sont confirmés en 1999 par l'étude du Royal College of General Practitioners portant sur 46 000 femmes suivies pendant vingt-cinq ans.

En définitive, les contraceptifs oraux semblent induire une augmentation du risque de thrombose veineuse, particulièrement chez les femmes de plus de 35 ans, et une légère augmentation du risque de cancer du sein chez les femmes en ayant pris au cours des dix dernières années. La pilule aurait toutefois un effet préventif sur les cancers de l'ovaire et de l'endomètre.

La traduction des débats sur les dangers de la pilule en France : des risques minimisés

Dès le début des années 1960, les risques cancérigènes et tératogènes de la pilule sont discutés en France. En effet, fin 1963, lors d'un colloque scientifique international sur la régulation des naissances, des expert·es concluent au manque de recul pour affirmer l'innocuité des pilules à long terme et appellent alors à restreindre leur utilisation prolongée et à instaurer un strict contrôle médical de la prescription[65]. Les recherches sur les liens entre œstroprogestatifs et tumeurs chez les rates, très médiatisées dans le monde anglo-saxon en 1964, n'ont aucun écho dans la presse française. Ce n'est qu'à partir de novembre 1965 que cette question surgit dans l'espace public, avec celle du risque thrombo-embolique, lors de

65 Escoffier-Lambiotte C., « Les travaux du colloque international de Royaumont. I. – La régulation des naissances et l'information », *Le Monde*, 9 mai 1963 ; « À la faculté de médecine : Quatre cents médecins ont tenu un colloque sur la contraception », *Le Monde*, 14 novembre 1963 ; Marzellier F., « Après deux journées d'études médicales, l'abrogation de la loi de 1920 semble désormais s'imposer », *Libération*, 15 novembre 1963.

la préparation du rapport commandé par le ministre de la Santé Raymond Marcellin pour évaluer «les conséquences éventuelles sur la santé de l'absorption de produits anticonceptionnels».

À partir de 1965, en raison de la campagne présidentielle, nous l'avons vu, la question des risques des contraceptifs oraux s'installe dans le débat public en France. Des expert·es s'affrontent dans la sphère médiatique : certain·es ont des réserves fortes sur l'innocuité de la pilule et invitent à la plus grande prudence[66], d'autres sont favorables à son utilisation. Ces dernier·ères assurent que les œstroprogestatifs sont déjà utilisés massivement aux États-Unis depuis plusieurs années, qu'ils sont déjà en vente en France, que très peu d'incidents ont été relevés, et que les études cliniques disponibles ne révèlent pas de dangers majeurs[67]. Le rapport de la «commission pilule» nommée par Raymond Marcellin incite à la prudence concernant l'utilisation massive de la pilule parce qu'elle présente un

66 Le professeur Robert de Vernejoul, président du Conseil national de l'Ordre des médecins, adresse le 20 juin 1966 une lettre au *Monde* pour avertir sur les risques de l'administration prolongée des hormones sur des organismes non malades; en 1967, le docteur Paul Chauchard, neurophysiologiste renommé, publie *Contre la pilule*, un pamphlet anti-pilule qui dénonce l'effet des contraceptifs oraux sur l'équilibre endocrinien des femmes: ils contribuent selon lui à «dénaturer la femme»; Pierre-Paul Grassé, vice-président de l'Académie des sciences et professeur à la Sorbonne, s'élève le 27 octobre 1966 contre l'utilisation de la pilule, qui constituerait un «tripotage de la nature humaine», cités dans Geller S., *La pilule: oui ou non?* Paris, Julliard, 1967, p. 36-37.

67 Netter A., «À propos de la déclaration du professeur de Vernejoul sur la planification familiale», *Le Figaro*, 1er juillet 1966; Geller S., *La pilule: oui ou non?*, *op. cit.*

certain nombre d'inconvénients et d'effets secondaires, mais il n'interdit pourtant pas son usage, car le produit ne comporte pas de réel danger pour la santé des utilisatrices tant qu'il est prescrit dans le respect de ses contre-indication (les prescripteur·ices devant demeurer attentif·ves aux modifications de la coagulation sanguine des femmes sous pilule). Le rapport précise aussi qu'il n'est pas possible de conclure à l'absence radicale d'effet cancérigène à long terme de ces produits, faute de recul.

Si les risques, contre-indications et effets secondaires sont de mieux en mieux connus à la fin des années 1960 en France, ils ne remettent pas fondamentalement en cause l'utilisation des contraceptifs oraux, mais servent plutôt de cadre à la prescription. Dans son *Précis de contraception* publié en 1968, Pierre Simon relève le risque thrombo-embolique et le risque hépatique (affections du foie), reconnu par la communauté médicale internationale[68] : tout antécédent vasculaire et toute anomalie du métabolisme lipidique ou augmentation de la tension artérielle sont signalées comme contre-indications à la prescription de contraceptifs oraux. Simon considère en revanche que les hémorragies, les augmentations du poids, les nausées, les troubles digestifs, les

68 Simon P., *Précis de contraception*, 1968, Centre d'archives du féminisme, Bibliothèque universitaire d'Angers, 17 AF 41. Un article paru dans *La presse médicale* rend compte de toutes les publications anglo-saxonnes et études épidémiologiques sur le sujet de 1964 à 1967 : Ribadeau-Dumas J.-L., « Contraceptifs oraux et risque thrombo-embolique », *La presse médicale* 75 (29), 17 juin 1967.

céphalées et les vertiges, les congestions mammaires, ou les troubles psychiques et les modifications de la libido provoquées par la pilule sont sans danger pour la santé des utilisatrices. Il écarte également l'idée qu'il existerait des risques cancérigènes et tératogènes liés à la prise de la pilule. Cette vision est relayée dans la presse, qui mentionne à la fois la très grande efficacité des contraceptifs oraux et les effets secondaires pouvant survenir dans certains cas[69].

En 1969, les débats aux États-Unis et en Grande-Bretagne qui conduisent au retrait des pilules les plus dosées sont en partie repris dans la presse française. Le professeur Henriet, généticien, soulève à nouveau la question des effets tératogènes des contraceptifs oraux, mais sa critique est rapidement écartée par la journaliste médicale du *Monde*, Claudine Escoffier-Lambiotte[70], pour qui aucune preuve ne permet de justifier cette mise en cause. D'autres suspicions s'expriment sur les liens entre pilule et cancer[71], mais elles sont souvent

69 Escoffier-Lambiotte C., «Méthodes naturelles, techniques aléatoires», *Le Monde*, 30 juillet 1968; Bayon N., «La pilule acquittée... mais au bénéfice du doute», *L'Aurore*, 7 novembre 1968; Professeur Thibault, «Données scientifiques», *Le Monde*, 13 novembre 1968.

70 Escoffier-Lambiotte C., «Les effets des pilules contraceptives», *Le Monde*, 17 janvier 1970.

71 «Panique sur la pilule», *Le Nouvel Observateur*, 26 janvier 1970; Pourcel-Broutschert S., «La contraception en question», *Combat*, 28 janvier 1970; Docteur E.-L., «Une liste indicative des contraceptifs oraux sera publiée par le ministère de la santé», *Le Monde*, 28 janvier 1970; Alia J., «Offensive contre la pilule», *Le Nouvel Observateur*, 2 février 1970; Allain-Regnault M., «Aucun signe alarmant mais une surveillance médicale rigoureuse s'impose», *Le Monde*, 30 septembre 1976.

décrédibilisées par les chroniqueur·euses, qui jugent les preuves trop minces. Tout au long des années 1970 et 1980, lorsque les contraceptifs oraux sont incriminés par des épidémiologistes ou des médecins spécialistes, des expert·es en contraception sont appelé·es à intervenir, à la fois dans la sphère médiatique, mais aussi dans les revues médicales, pour apporter une caution scientifique à la pilule et délégitimer les critiques[72]. L'arrivée des pilules de 2e génération, moins dosées, fait diminuer l'inquiétude sur les effets secondaires des contraceptifs oraux[73]. Malgré la publication des études sur l'augmentation du risque cardiovasculaire avec l'âge et la consommation de tabac associée à la prise de la pilule, la presse demeure rassurante, tout en recommandant la prudence face à ces produits aux femmes de plus de 40 ans[74].

72 Allain-Regnault M., « La pilule contraceptive "en question" », *Le Monde*, 22 janvier 1972 ; Ministère de la Santé, « Le ministère de la Santé rappelle qu'il n'existe aucune preuve de la nocivité des "contraceptifs oraux" », *Le Monde*, 17 janvier 1972 ; Allain-Regnault M., « Sans dangers réels elle n'est pourtant utilisée que par cinq cent mille Françaises », *Le Monde*, 22 janvier 1972 ; « Les méfaits imputés à la pilule sont très exagérés », *Le Monde*, 24 mai 1974 ; « Une enquête française sur les effets secondaires de la pilule », *Le Monde*, 17 juillet 1974 ; Brisset C., « Les méthodes », *Le Monde*, 9 novembre 1977 ; Lacronique J.-F., « Des risques connus et acceptables », *Le Monde*, 5 avril 1978.

73 Allain-Regnault M., « La deuxième génération des méthodes de contraception », *Le Monde*, 14 novembre 1973 ; « Contraception : résistance des femmes, des hommes... et des médecins », *Le Monde*, 23 juin 1975 ; Docteur Escoffier-Lambiotte C., « Le cœur et les vaisseaux : de nécessaires précautions », *Le Monde*, 7 mars 1979.

74 Danzon M., « La prescription hormonale aux différents âges de la femme », *Le Monde*, 29 décembre 1976 ; Lacronique J.-F., « La pilule reste la meilleure méthode de contraception », *Le Monde*,

Parmi les adversaires de longue date de la pilule, Jérôme Lejeune, généticien ayant participé à la mise en évidence de la trisomie 21 dans les années 1950, fervent militant contre l'avortement et très actif au sein du mouvement pro-vie « Laissez-les vivre », publie en 1968 un premier article questionnant les possibles effets tératogènes de la contraception hormonale[75]. Selon lui, la généralisation de l'utilisation de contraceptifs efficaces entrainerait un vieillissement de l'âge de la maternité, accroissant la prévalence de la trisomie 21 dans l'ensemble de la population (la survenue de la pathologie augmente avec l'âge). Toujours selon Lejeune, les hormones de synthèse administrées sur de longues périodes pourraient avoir pour conséquence d'augmenter le nombre d'ovules malformés, et donc accroitre le risque de malformations congénitales chez l'enfant à naitre. Le scandale de la thalidomide, pour lui, doit enfin être considéré comme un garde-fou contre la généralisation des contraceptifs oraux à l'ensemble de la population.

Quelques années plus tard, en 1977, Lejeune réitère ces attaques en affirmant que la mortalité des femmes est plus élevée lorsqu'elles prennent la pilule que quand elles ne la prennent pas, et il déplore la « dégradation de notre société », « le suicide de la France », qui aurait pour cause la diffusion de la pilule et la légalisation

27 septembre 1977 ; Brisset C., « Les spécialistes réunis à Paris insistent sur la nécessité d'une surveillance renforcée », *Le Monde*, 11 novembre 1978.

75 « Qui parlera pour les enfants ? », *Le Monde*, 5 mars 1968.

de l'avortement[76]. En guise de réponse, plusieurs expert·es en contraception tentent de battre en brèche ses critiques en défendant l'idée que ce produit, s'il est bien prescrit, présente très peu de risques et que ceux-ci sont par ailleurs « connus et acceptables »[77].

Une seconde polémique émerge en 1978 lorsque le magazine *Marie Claire* relaie dans un article la méfiance de certaines femmes envers le médicament[78]. Trois ans plus tard, le journal *L'Impatient* fait paraitre un pamphlet anti-pilule intitulé « Femmes sous pilule : danger[79] ? » et peu de temps après, le professeur Jacques Salat-Baroux, gynécologue-obstétricien, sort un essai très critique à l'égard des contraceptifs oraux, faisant écho au livre *Danger pilule* publié deux ans plus tôt – quoique sans impact médiatique – par un autre gynécologue, le docteur Dominique Chatain[80], qui proposait un état des lieux des risques cardiovasculaires, d'hypertension, de chute de libido, de prise de poids et de cancers liés à la prise d'œstroprogestatifs. L'ouvrage de Salat-Baroux devance celui de Barbara et Gideon Seaman, sorti en 1983 aux Éditions de l'impatient, qui met à son tour en cause le

76 Brisset C., « "Le suicide de la France" », *Le Monde*, 1er novembre 1977.

77 « La contraception », *Le Monde*, 13 avril 1968 ; Brisset C., « Les méthodes », *Le Monde*, 9 novembre 1977 ; Lacronique J.-F., « Des risques connus et acceptables », *Le Monde*, 5 avril 1978.

78 Lavanchy M., « Pilule. La révolte des jeunes femmes », *Marie Claire*, décembre 1978.

79 Sokolsky C., « Femmes sous pilule : danger ? », *L'Impatient*, mars 1981.

80 Salat-Baroux J., *La vie est ma passion*, Paris, Plon, 1982 ; Chatain D., *Danger pilule : pour une contraception diversifiée*, Paris, Copernic, 1980.

recours aux hormones pour les femmes « de la contraception à la ménopause[81] » , enquête prolongeant l'ouvrage *The Doctors' Case Against the Pill* publié quinze ans plus tôt aux États-Unis par Barbara Seaman. Dénonçant les effets nocifs des hormones sur la santé des femmes et prônant le recours à des méthodes non hormonales, le livre des Américains est cependant peu mentionné dans le débat public.

Les articles dans la presse et le livre de Salat-Baroux provoquent des réactions rapides de la part d'expert·es en contraception. Par exemple, un article intitulé « Sept gynécologues réagissent à la déclaration de guerre du professeur Salat-Baroux[82] » parait dans *Elle* peu de temps après la sortie du livre dudit professeur, donnant une tribune aux ancien·nes médecins du Planning familial, pour répondre à Salat-Baroux qui avait affirmé : « Si j'étais une femme, je ne prendrais pas la pilule. » Chacun·e des médecins y dénonce la vision trop rigoriste des statistiques médicales proposée par Salat-Baroux, réaffirmant les bienfaits des contraceptifs oraux. Pour ces médecins, si la pilule comporte des risques, elle est une conquête formidable qu'on ne peut remettre en cause en l'absence d'autre option aussi efficace, certain·es allant jusqu'à affirmer qu'« être violemment contre la

81 Seaman B. et Seaman G., *De la contraception à la ménopause. Dossier hormones*, Paris, Éditions de l'impatient, 1983.

82 Renaudin M., Andréani G. et Soriano V., «Sept gynécologues réagissent à la déclaration de guerre du professeur Salat-Baroux», *Elle*, 11 février 1982, p. 86-89.

pilule, c'est être antiféministe. Car on ne propose pas d'autre solution. La contraception est un acquis fantastique du XXe siècle ». Selon ces expert·es, la contraception orale nécessite d'être prescrite par des médecins compétent·es : iels suggèrent ainsi que les accidents ne sont pas imputables au produit lui-même, mais à la qualité de la formation des prescripteur·ices et au sérieux du suivi médical qui lui y est associé. Ce débat trouve un fort écho dans la presse[83], mais la mobilisation systématique des mêmes expert·es pour défendre l'innocuité ou l'apport thérapeutique de ces produits empêche les critiques de se structurer de manière durable et, partant, d'avoir un impact mesurable sur les pratiques contraceptives.

À partir du milieu des années 1980 et jusqu'en 2000, on trouve peu de traces d'autres polémiques dans la presse. Comme l'explique Mylène Rouzaud-Cornabas dans son travail sur la crise des pilules de 2012-2013, la controverse autour des risques cardiovasculaires associés aux pilules de 3e et 4e générations, qui agite plusieurs pays européens au milieu des années 1990 et qui conduit à des modifications durables du système de régulation des médicaments dans ces pays, n'a quasiment aucun écho médiatique et scientifique en France à la même époque. Le désintérêt politique pour la question de la régulation des risques liés aux contraceptifs oraux

83 Cohen J., « Contraception : l'histoire d'une conquête », *Le Nouvel Observateur*, 16 mars 1981, p. 83-94 ; « Pilule : arrêtez de nous faire peur ! », publication inconnue, 1982, p. 104 ; Doucet G., « La pilule au banc des accusées », *Le Nouveau F.*, mai 1982, p. 41-42.

est général, et la mobilisation conjuguée d'expert·es médicales·aux et des industries pharmaceutiques pour décrédibiliser ces études, de même que les efforts de ces acteurs pour leur opposer la notion de rapport bénéfice-risque positif de la pilule, contribue à cette inertie[84].

Il est intéressant de se pencher sur les arguments avancés par les expert·es pour délégitimer les mises en cause de la pilule. L'absence de preuves statistiquement significatives est particulièrement mobilisée lors des débats entre épidémiologistes autour des risques de cancers. Un autre argument central avance que la pilule ne comporte aucun danger lorsqu'elle est prescrite dans la limite de ses contre-indications. Ce raisonnement est en partie tautologique, puisqu'il affirme qu'en dehors des femmes à risque, la pilule ne présente pas ou peu de risques. Il a tout à voir avec une vision épidémiologiste et populationnelle du risque, propre à la fin des années 1990. À l'argumentaire en termes de drame personnel mis en valeur dans la presse, ces expert·es opposent une « balance bénéfice-risque positive » selon laquelle les contraceptifs oraux comporteraient des risques négligeables au regard de leurs avantages pour une très large partie de la population.

Si les expert·es des différents pays se réfèrent tous·tes aux enquêtes épidémiologiques pour évaluer les risques autour de la prise d'œstroprogestatifs,

84 Rouzaud-Cornabas M., *«Alerte à la pilule». Politiques contraceptives et régulation du risque au prisme du genre*, thèse de doctorat, université Paris-Saclay, 2019.

l'interprétation de ces risques et leur traduction locale en termes de normes médicales et de mesures de santé publique varient fortement. En France, l'accent est mis sur les bénéfices, jugés plus importants que les risques. Aux États-Unis, les risques sont davantage médiatisés, et les mouvements de consommateur·ices sont beaucoup plus développés qu'en France, aussi les pratiques médicales et les produits de l'industrie pharmaceutique sont-ils plus régulièrement mis en cause. Dans le cas de la pilule, cela conduit à une réelle modification des pratiques contraceptives. En Grande-Bretagne, enfin, l'organisation du système de soins, très orientée vers la santé publique, et l'encadrement des pratiques professionnelles entraine l'évolution très rapide des pratiques prescriptives et des produits autorisés sur le marché à partir du moment où des accidents ou incidents sont rapportés au Comité pour la sûreté des médicaments.

Des effets secondaires peu considérés

La prise en compte des effets secondaires de la pilule est à la fois une préoccupation accessoire par rapport à l'efficacité du traitement, et en même temps, elle est centrale pour comprendre l'expérience des utilisatrices et leurs éventuelles résistances ou les problèmes d'observance. Malgré l'importante réduction des doses d'hormones au fil des générations de pilules, leurs effets secondaires, très tôt mis en évidence dans les premiers essais cliniques, continuent d'être relevés chez une partie des utilisatrices.

La reconnaissance partielle des effets secondaires

Les premiers contraceptifs oraux commercialisés, très fortement dosés, se sont avérés difficiles à tolérer pour un nombre très important de femmes. Les clinicien·nes impliqué·es dans les premiers essais cliniques de la pilule ont toutefois mis du temps à reconnaitre les effets secondaires liés à la prise du produit, car certains troubles étaient des symptômes qu'ils nommaient « subjectifs » – par opposition aux symptômes directement mesurables par les médecins – « influencés par de nombreux facteurs et souvent présents chez les femmes normales »[85]. Des réactions comme des vomissements, des nausées, des étourdissements ou des maux de tête ont été qualifiées de « psychogènes » et certain·es médecins les ont attribuées à l'appréhension des femmes face à une première prise de pilule. Si ces symptômes ont finalement été progressivement intégrés dans les effets secondaires reconnus des contraceptifs oraux, et leur incidence plus précisément mesurée, c'est beaucoup moins vrai pour les troubles dits « psychologiques » – au nombre desquels on trouve des troubles de l'humeur, des troubles dépressifs, des troubles du désir ou des prises de poids –, souvent qualifiés de psychosomatiques ou

85 Cité dans MARKS L. V., *Sexual Chemistry*, *op. cit.*, p. 133.

considérés comme préexistants, plutôt qu'imputés au produit lui-même.

Bien que les effets secondaires dits « physiologiques » fassent l'objet d'une progressive reconnaissance médicale, la légitimité qui leur est accordée varie. Les nausées sont ainsi souvent considérées comme négligeables, car diminuant avec le temps, de même que les saignements anormaux – irréguliers, surabondants ou sous-abondants – sont jugés peu inquiétants par les médecins[86]. Les troubles dermatologiques ou capillaires, s'ils sont régulièrement signalés, n'entrainent pas la préconisation d'un arrêt du traitement. Les expert·es français·es s'accordent à penser que la prise de poids est un inconvénient négligeable par rapport aux avantages considérables apportés par les contraceptifs oraux, quand ils ne nient pas simplement son lien avec le traitement, ou ne la renvoient pas à des troubles psychologiques. L'influence de la psychanalyse et du courant de médecine psychosomatique conduit une partie des gynécologues à penser les effets secondaires et les difficultés d'observance des contraceptifs oraux comme des « résistances » liées à un désir inconscient de grossesse, dans un vocabulaire quasi freudien[87]. C'est également ce qu'avance Sacha Geller, gynécologue et endocrinologue, dans son étude sur les effets secondaires des

86 Geller S., *La pilule : oui ou non ?*, *op. cit.*, p. 92-96.
87 Garcia S., *Mères sous influence. De la cause des femmes à la cause des enfants*, Paris, La Découverte, 2011, p. 93-106.

contraceptifs oraux (qui occulte toutefois les troubles dépressifs ou de l'humeur). Il signale ainsi que la pilule, «qui s'accompagne le plus souvent d'une amélioration de la qualité des rapports sexuels, délivrés désormais du facteur d'angoisse que représentait la hantise de la grossesse, peut très exceptionnellement s'accompagner au contraire de *frigidité*». Mais cette «frigidité», renvoyée uniquement au «psychisme», traduirait «un désir inconscient de maternité, par quoi s'expliqueraient d'ailleurs bien des résistances à la contraception, quelle que soit la méthode utilisée»[88].

Les premiers résultats de l'enquête du Royal College of Medical Practitioners, publiés en 1974, permettent de quantifier la fréquence des effets secondaires déclarés par les utilisatrices de pilules à leur généraliste ou relevés par les médecins. Le récapitulatif publié en France mentionne des migraines, des troubles dépressifs et des troubles de la libido comme les effets indésirables les plus fréquents, mais ils sont jugés extrêmement minoritaires[89]. Néanmoins, la mise en évidence de l'ensemble de ces effets secondaires permet tout de même de leur donner une réalité sociale et de forcer les médecins à les reconnaitre au-delà de la seule explication psychosomatique. Des raisons expliquent par ailleurs que ces effets

88 Geller S., *La pilule: oui ou non?*, *op. cit.*, p. 97.

89 Les migraines affecteraient ainsi environ 4700 utilisatrices sur 100 000, soit un peu moins de 5 % des utilisatrices; les troubles dépressifs concerneraient environ 2 % des utilisatrices, et les pertes de la libido un peu moins de 1 %.

demeurent largement sous-estimés dans les enquêtes. D'une part, la plupart des résultats des essais cliniques portent sur la population qui est restée dans l'essai : les femmes qui connaissent les troubles les plus importants le quittent rapidement et ne sont donc plus comptabilisées ; à l'inverse, les utilisatrices qui restent longtemps dans les essais cliniques ou les enquêtes par cohortes sont plus « robustes » aux effets secondaires que l'ensemble de la population qui sera amenée à consommer le produit[90]. D'autre part, les essais cliniques ne se focalisent pas sur les utilisatrices comme unité statistique, mais sur les cycles où le produit a été utilisé : 100 femmes qui utilisent la pilule pendant 1 cycle sont comptabilisées de la même manière qu'1 femme qui l'utilise pendant 100 cycles, ou que 10 femmes qui l'utilisent pendant 10 cycles. Cela conduit à sous-estimer très largement l'influence du temps sur la survenue des effets secondaires, ainsi que les phénomènes de lassitude ou de prise discontinue du produit qui y sont liés. De plus, cette mesure statistique rend compte de l'occurrence de troubles, mais pas de leur intensité. Seront par exemple comptées de la même manière des femmes qui ont des migraines occasionnelles de faible intensité et celles dont les migraines sont si intenses qu'elles les handicapent dans leur vie quotidienne. Enfin, certains liens statistiques sont moins faciles à mettre en évidence si le médicament a des effets

90 Galbraith J. I., « A methodological review of the Royal College of General Practitioners' oral contraception study », *Journal of Nutritional & Environmental Medicine* 8 (2), 1998, p. 187-194.

contraires chez différentes personnes. L'exemple de la libido est intéressant, puisque les contraceptifs oraux semblent avoir un effet positif sur le désir chez certaines utilisatrices, ou au contraire provoquer une perte de libido chez d'autres. Comme les œstroprogestatifs n'ont pas un effet unilatéral sur la libido, on pourrait en conclure – et certain·es expert·es ne manquent pas de le faire – qu'ils n'ont aucun effet dans ce domaine. Dans tous les cas, les effets indésirables ne retiennent qu'une attention secondaire par rapport à la question des risques et dangers pour la santé[91], alors qu'ils sont déterminants pour les utilisatrices elles-mêmes : les troubles dépressifs ou de la libido font partie des principales raisons qui poussent les femmes à arrêter leurs contraceptifs oraux[92].

La minimisation des effets secondaires : une affaire de genre ?

La minimisation des effets secondaires des contraceptifs oraux s'inscrit dans une appréhension genrée de la douleur, de la santé mentale et de la sexualité, qui

91 Le nombre de publications dans des revues scientifiques sur PubMed est par exemple beaucoup plus élevé sur les risques cardiovasculaires, d'hypertension ou de cancers, que sur la libido, la prise de poids (très peu investiguée) ou les troubles dermatologiques.

92 L'enquête du Royal College of Medical Practitioners relève par exemple en 1984 que plus d'un tiers des femmes qui ont arrêté leur contraceptif oral l'ont fait en raison de troubles dépressifs qu'elles relient au produit. Kay C. R., « The Royal College of General Practitioners' oral contraception study: Some recent observations », *Clinics in Obstetrics and Gynaecology* 11 (3), 1984, p. 759-786 ; Sanders S. A. *et al.*, « A prospective study of the effects of oral contraceptives on sexuality and well-being and their relationship to discontinuation », *Contraception* 64 (1), 2001, p. 51-58.

tend à donner de la visibilité à certains phénomènes et à en invisibiliser d'autres. Le problème de l'impact des contraceptifs oraux sur la libido, le désir ou le plaisir sexuel, ou plus largement sur la sexualité des femmes, peu présent dans les questionnements des médecins et des entreprises pharmaceutiques, renvoie à des standards différenciés concernant les produits contraceptifs destinés aux hommes et aux femmes. Si les modèles s'appliquant au développement de contraceptifs hormonaux pour les femmes sont moins restrictifs que ceux qui s'appliquent, deux décennies plus tard, au développement de contraceptifs hormonaux pour les hommes[93], c'est également que les attentes sociales à l'égard de la sexualité des femmes et des hommes ne sont pas les mêmes. Dans les archives de la firme pharmaceutique Schering, on constate ce phénomène : au milieu des années 1970, un·e des pharmacien·nes de Schering s'interroge sur les critères de recevabilité d'une éventuelle contraception masculine. En principe, « les méthodes de contraception pour hommes doivent être sujettes aux mêmes critères que pour les femmes, même si des critères encore plus stricts doivent être appliqués en raison de systèmes sensibles ». Dans le cas de la contraception masculine, « on exige : 1. L'innocuité ; 2. La sureté [efficacité] ; 3. L'acceptabilité ; 4. La possibilité de redevenir fertile [réversibilité] ; 5. Pas de

93 Oudshoorn N., *The Male Pill: A Biography of a Technology in the Making*, Durham/Londres, Duke University Press Books, 2003.

réduction de la libido et de la puissance virile[94] ». Bien que le document mentionne l'application des mêmes critères pour les méthodes masculines et féminines, l'absence de réduction de la libido (et de la capacité érectile), rarement voire jamais invoquée comme critère pour un contraceptif féminin, apparait très explicitement comme condition *sine qua non* du développement d'un contraceptif masculin. Ainsi, en même temps que le document affirme un traitement égal des hommes et des femmes pour définir les exigences présidant au développement de méthodes contraceptives, il réitère une différenciation, souvent naturalisée, entre une sexualité masculine caractérisée par le désir et la « puissance virile » et une sexualité féminine où ces deux éléments ne trouvent pas d'équivalent, ou ne sont pas nécessaires à prendre en compte[95].

Le fait que la question de la libido, ou même des manifestations physiologiques de l'excitation, soit si peu prise en compte dans le cas des femmes renvoie à une tendance plus générale à invisibiliser la sexualité ou le désir des femmes. La chercheuse Brenda Spencer montre par exemple qu'en Grande-Bretagne, les luttes pour le planning familial visaient principalement à améliorer

94 Johannson N. (pharmacien de chez Schering), « Kontrazeption beim Mann. Möglichkeiten der Fertilitätshemmung », *Pharmazeutische Zeitung* 6, 1976, tiré à part de la 121e année, p. 167-168. Archives de Schering, B1 284 : Pharma Forschung, Hormone, Kontrazeption allg.I.

95 Gardey D. et Vuille M. (dir.), *Les sciences du désir. La sexualité féminine, de la psychanalyse aux neurosciences*, Lormont, Le bord de l'eau, 2018.

la santé des mères et des enfants, et que la sexualité des femmes apparaissait souvent comme négligeable dans ces luttes. Le but était surtout de développer des moyens de contraception pour protéger les femmes « des conséquences de la sexualité des hommes[96] ». Quand la question de l'acceptabilité des méthodes est posée en termes d'impact sur la sexualité des femmes, le seul élément qui est véritablement soulevé est l'effet sur la spontanéité des rapports, pas tellement sur leur désir ou leur plaisir[97]. Dans cette perspective, les contraceptifs oraux figurent comme une avancée positive, car, contrairement à d'autres méthodes, ils ne perturbent pas la spontanéité des rapports. Cette question n'est pas tant présentée comme un problème pour les femmes que comme un problème pour la sexualité du couple, ce qui réitère la distinction problématique mise en évidence par Spencer entre des « femme[s] sans sexualité » et des hommes « irresponsable[s] » face aux conséquences de leur sexualité. La question du plaisir des femmes est généralement occultée dans les travaux en santé publique et en épidémiologie sur la santé sexuelle et reproductive[98], et le désir féminin reste aujourd'hui appréhendé comme subalterne, car jugé moins intense que celui

96 Spencer B., « La femme sans sexualité et l'homme irresponsable », *Actes de la recherche en sciences sociales* 128 (1), 1999, p. 29.

97 Geller S., *La pilule : oui ou non ?*, *op. cit.*, p. 36-37.

98 Higgins J. A. et Hirsch J. S., « The pleasure deficit: revisiting the "sexuality connection" in reproductive health », *Perspectives on Sexual and Reproductive Health* 39 (4), 2007, p. 240-247.

des hommes[99]. Étonnamment, le fait qu'une méthode contraceptive puisse avoir un effet négatif sur le désir sexuel des femmes ne pose tout simplement pas question.

L'impact des contraceptifs oraux sur la santé mentale des femmes et les troubles dépressifs qui peuvent être associés à la prise de ces produits est une autre question intéressante. Les femmes ont historiquement été considérées comme ayant une santé mentale plus fragile que celle des hommes et seraient soi-disant plus sujettes à la folie ou à la dépression[100]. Ces représentations avaient particulièrement cours dans l'Europe de la fin du XIXe siècle et trouvent une justification dans les théories développées par Freud au sujet de l'hystérie. Elles ont toutefois perduré toutefois jusqu'à aujourd'hui. Aussi, en raison de ces préjugés sexistes, l'impact des produits eux-mêmes sur la santé mentale des femmes est sous-estimé, voire tout simplement ignoré. Si les troubles dépressifs ne sont pas complètement occultés dans les études médicales ou dans les essais cliniques comme peut l'être la question de la libido des femmes, ils ne sont pas non plus pensés

99 Bozon M., « Postface : Ni trop ni trop peu. Médecine, âge et désir des femmes », dans Gardey D. et Vuille M. (dir.), *Les sciences du désir. La sexualité féminine, de la psychanalyse aux neurosciences*, Lormont, Le bord de l'eau, 2018 ; Thomé C., *La sexualité aux temps de la contraception. Genre, désir et plaisir dans les rapports hétérosexuels (France, années 1960-années 2010)*, thèse de doctorat, EHESS, 18 novembre 2019.

100 Showalter E., *The Female Malady. Women, Madness, and English culture, 1830-1980*, New York, Pantheon Books, 1985 ; Appignanesi L., *Mad, Bad and Sad. An History of Women and the Mind Doctors from 1800 to the Present*, Londres, Virago Press, 2008.

comme une conséquence des contraceptifs oraux. Ils sont attribués à la sensibilité hormonale de certaines femmes et jugés relativement « normaux » au regard des troubles habituels de l'humeur liés aux cycles menstruels : comme certaines femmes connaissent des épisodes dépressifs liés à leur cycle, l'accentuation de ces troubles avec la prise d'un contraceptif oral ne devrait pas conduire à incriminer le produit lui-même, mais renverrait à une susceptibilité particulière de ces femmes aux modifications de leur « équilibre hormonal ». Le fait que cette question soit traitée au rang d'effet secondaire, comme un corolaire négligeable et non dangereux pour la santé (physique) des femmes, est révélateur de la place secondaire de la santé mentale en santé publique. Certain·es expert·es préconisent de considérer les troubles anxieux ou dépressifs très graves comme une contre-indication à la contraception orale, mais écartent le problème que pose ce produit pour des femmes chez qui ce trouble est plus intermittent ou n'est pas diagnostiqué comme lié au produit. Cette manière d'envisager la question de la dépression dans la perspective d'une naturalisation de cette forme de mal-être chez les femmes empêche de construire une réflexion sur le fait que le produit peut avoir des conséquences directes et importantes sur leur santé mentale[101].

101 Skovlund C. W. *et al.*, « Association of hormonal contraception with depression », *JAMA Psychiatry* 73 (11), 2016, p. 1154-1162.

Des féministes des années 1970 peu critiques de la norme contraceptive française

La pilule, symbole des luttes féministes françaises pour la liberté procréative

Au début des années 1970, plusieurs mouvements militants contestent le cantonnement des femmes au rôle de mère et à la sphère reproductive, et remettent en cause l'exclusion de certaines femmes de la sphère productive. Le mouvement « Choisir la cause des femmes » (Choisir), fondé en 1971 par l'avocate Gisèle Halimi à l'occasion du très médiatisé procès de Bobigny[102], se centre sur la défense des personnes mises en cause dans des procès pour avortement. Le Mouvement de libération des femmes (MLF), né dans la lignée des mouvements contestataires et étudiants de Mai 68, se compose de plusieurs groupes relativement indépendants, dont certains se saisissent de la question de l'avortement. En 1973, le MFPF s'approprie certaines des revendications de ces mouvements féministes, et sa base militante fait scission avec les médecins du Collège médical, dont la position peu favorable à l'avortement libre est progressivement marginalisée au sein du mouvement. L'année 1973 voit

102 Procès célèbre lors duquel l'avocate Gisèle Halimi a défendu Marie-Claire, une mineure ayant avorté. Très médiatisé, ce procès a permis d'ouvrir le débat public et politique sur la libéralisation de l'avortement en France.

aussi la création du Mouvement pour la liberté de l'avortement et de la contraception (MLAC), à l'initiative de militantes du MFPF, de médecins gauchistes et de quelques militantes du MLF. Iels se réunissent dans plusieurs villes de France pour pratiquer des avortements[103] et organisent des voyages pour aider des femmes à avorter dans des cliniques à l'étranger, afin de mettre les pouvoirs publics devant le fait accompli et de les obliger à légiférer.

Bien que centrés pour la plupart sur l'accès à l'avortement, tous ces mouvements font explicitement référence à la contraception dans leurs revendications, slogans ou même statuts d'association. Le MLAC réclame par exemple « l'avortement et la contraception libres et gratuits » comme moyens de lutte « contre l'avortement clandestin, ses causes sociales et culturelles et ses conséquences »[104], de même que le MFPF, qui affiche pour slogan : « Un enfant, si je veux, quand je veux ». Dans ses premiers tracts, l'association Choisir place l'accès à une « contraception libre, totale, et gratuite » et la promotion d'une « véritable éducation sexuelle » comme objectifs premiers, juste avant la suppression de tous les textes répressifs relatifs à l'avortement et la défense gratuite des personnes accusées d'avortement

103 Pavard B., « Quand la pratique fait mouvement. La méthode Karman dans les mobilisations pour l'avortement libre et gratuit (1972-1975) », *Sociétés contemporaines* 85 (1), 2012, p. 43-63.

104 MLAC, statuts de l'association déposés à la préfecture de Paris le 4 avril 1973, Fonds MLAC, 10 AF 2.

ou de complicité d'avortement[105]. Le journal *Le torchon brûle,* lancé par des militantes du MLF en 1971, associe systématiquement les deux termes comme moyens d'offrir aux femmes les conditions d'un choix véritable en matière procréative, et dénonce « l'opposition que l'on voudrait faire entre contraception et avortement, comme si les femmes avaient le choix », alors que la contraception, comme l'avortement, « n'est pas "libre" : la contre-propagande frénétique, le barrage à l'information [étant] soigneusement entretenus et orchestrés »[106]. Ces différents mouvements contribuent à changer la définition de l'avortement et de la contraception auparavant défendue par les fondateur·ices du Planning familial : d'une conception faisant du combat *pour* la contraception le moyen de lutter *contre* l'avortement, on passe à une vision de l'avortement et de la contraception comme étant deux aspects complémentaires de la régulation des naissances, qui pourraient permettre aux femmes de disposer de leur propre corps.

Initialement, les luttes féministes mettaient l'accent sur la nécessité d'informer sur la contraception et de la rembourser. Ces mobilisations débouchent en décembre 1974 et en janvier 1975, sur les deux lois Veil actant le remboursement de la contraception et son libre accès pour les mineur·es d'une part, et l'accès à l'IVG

105 Tract de l'association Choisir, novembre 1972, BNF, 4-WZ-13296.
106 Collectif, *Le torchon brûle* 1, 1971, BnF Fol-Jo 16349.

pour cinq ans renouvelables d'autre part[107]. Mais au cours de la décennie 1970, la pilule est rapidement érigée comme le symbole des revendications des femmes pour une plus grande maitrise de leur vie reproductive. Le Planning familial est le premier à faire des moyens « modernes » de contraception (diaphragme et spermicides, puis pilule et DIU) le signe d'une vision éclairée et rationnelle de la régulation des naissances, face aux oppositions jugées rétrogrades. Les critiques de la pilule sont assimilées à des forces conservatrices, ennemies de la cause des femmes et de leur émancipation.

Cette conception est reprise par les mouvements féministes qui contribuent à associer durablement pilule et libération des femmes, et donc à promouvoir une approche pilulocentrée de la contraception. Dans un article consacré à la contraception et à l'avortement, *Le torchon brûle* dénonce les « notions fausses » qui circulent sur la pilule, et qui perpétuent l'ignorance des femmes sur cette méthode efficace de contrôle de leur fécondité[108]. Selon les autrices de l'article, les femmes doivent « faire le choix de la pilule contre les risques des avortements et des grossesses non désirées », malgré les entraves à ce choix représentées par « la morale de cette société, propagée par les curés, les médecins, les pères et les maris ». La contraception en

107 La mobilisation féministe à partir de 1975 permet la légalisation définitive en 1979 de l'IVG (loi Pelletier), dont le remboursement n'est acté qu'en 1983.

108 Collectif, *Le torchon brûle* 1, 1971, BnF Fol-Jo 16349.

général et la pilule en particulier sont posées comme « une des bases de la libération de la femme », car elles « libère[nt] de l'angoisse de la procréation chaque acte sexuel et oblige[nt] à séparer procréation et sexualité ». Les risques de cancers et risques thrombo-emboliques ne relèveraient que du « passé médical de la femme » et les « effets secondaires mineurs » seraient « psychosomatiques » chez une femme sur deux, le mal de tête étant décrit comme « uniquement psychologique » et la prise de poids comme due principalement à un appétit accru et à un manque d'exercice physique. Le pilulocentrisme de la contraception est même explicitement revendiqué comme une injonction normative : « il faudrait [...] que pour presque la majorité des femmes, contraception = pilule », écrivent les autrices ayant participé au numéro de la revue. Le DIU est présenté comme une méthode de remplacement pour les femmes qui ont déjà été enceintes ou celles qui ne peuvent pas prendre la pilule, et toutes les autres méthodes sont jugées trop peu efficaces, de sorte qu'il faudrait « les oublier et ne pas les utiliser ».

On trouve des échos de ce point de vue dans d'autres mouvements néanmoins plus mesurés à propos de la pilule. La profession de foi d'une candidate représentant le MLAC d'Aix-en-Provence aux élections cantonales de 1976 affirme par exemple qu'il serait « bien mieux que la contraception soit largement utilisée et que les femmes n'aient pas besoin d'avorter », notamment « la pilule et le stérilet, seules méthodes vraiment sûres »[109]. Les méthodes dites « modernes » sont ainsi présentées comme seul garde-fou contre l'avortement et les grossesses non désirées, selon une vision qui reflète celle des expert·es en contraception de la fin des années 1960 et du début des années 1970 (voir chapitre 2). Au nom du droit des femmes à décider de leur corps et de leur fécondité, et au nom de la lutte contre les avortements clandestins, les mouvements féministes ont participé à la hiérarchisation des méthodes de contraception au profit des méthodes médicales, en mettant en avant la pilule comme symbole des luttes pour l'émancipation des femmes. Par ailleurs, si la critique des milieux médicaux – accusés de faire de la rétention d'information, d'entraver l'accès aux méthodes ou encore de n'être pas assez bien formés pour la prise en charge contraceptive – est régulièrement mobilisée par ces mouvements[110], une très large place est donnée à la pilule dans leurs revendications, et dans une moindre mesure au DIU – deux méthodes nécessitant pourtant une intervention médicale.

Au sein des mouvements féministes en Angleterre, en Allemagne de l'Ouest et aux États-Unis, dès les années 1960, la pilule est associée à une révolution

109 Candidature de Nicolle Grand pour le MLAC d'Aix-en-Provence, élections cantonales du 7 mars 1976, Fonds MLAC, 10 AF 11 : Manifestations et campagnes.

110 Collectif, « Lettre ouverte de militantes du MLAC aux médecins », sans date (date estimée : fin des années 1970), Fonds MLAC, 10 AF 11 : Manifestations et campagnes.

contraceptive autant qu'à une révolution sexuelle[111]. L'arrivée de la pilule en 1960 en Angleterre et en 1961 en Allemagne catalyse une évolution des mœurs familiales et sexuelles chez une génération de femmes démarrant leur vie affective et sexuelle à cette époque. Pour le mouvement de libération des femmes ouest-allemand comme pour les féministes anglaises, c'est pour cette représentation d'une pilule libératrice qui prévaut durant toute la décennie, avant d'être progressivement questionnée au début des années 1970. Ainsi, un positionnement très favorable à la pilule prédomine dans les mouvements féministes français au moment même où leurs homologues anglais et allemands questionnent son hégémonie.

Une norme contraceptive rarement questionnée

Au sein du MLAC, du MLF et des mouvements de self-help, différentes positions critiquant l'institution médicale pour son caractère paternaliste, capitaliste voire impérialiste émergent au cours des années 1970. Dénonçant les rapports de pouvoir auxquels les femmes sont confrontées lorsqu'elles consultent un·e médecin pour une contraception ou lorsqu'elles avortent, fustigeant la médecine et les industries pharmaceutiques guidées par le profit, certains groupes féministes

111 Watkins E. S., *On the Pill*, *op. cit.* ; Silies E.-M., « Taking the pill after the "sexual revolution": female contraceptive decisions in England and West Germany in the 1970s », *European Review of History* 22 (1), 2015, p. 41-59.

en appellent à une réappropriation par les femmes des techniques contraceptives et abortives, des espaces médicaux et des savoirs en matière de contrôle des naissances. Cette perspective critique à l'égard de l'institution médicale accompagne par exemple la réorientation de la ligne politique des MLAC après le vote de la loi sur l'IVG en 1975 et la poursuite par quelques MLAC « dissidents » de la pratique illégale des avortements[112]. Elle transparait d'ailleurs à l'occasion des débats sur la reconduction de la loi Veil sur l'IVG en 1979[113]. Ces mouvements se positionnent également « contre les profits des laboratoires pharmaceutiques » et « pour l'orientation et le développement des recherches scientifiques vers des méthodes contraceptives simples, utilisables par toutes et tous, hommes et femmes »[114]. La liberté et la gratuité de l'avortement et de la contraception sont

112 Ruault L., « La circulation transnationale du self-help féministe : acte 2 des luttes pour l'avortement libre ? », *Critique internationale* 70 (1), 2016, p. 37-54.

113 « Projet de plateforme de lutte, rédigé par le collectif des groupes parisiens. Relu et corrigé par l'A.G. du 1er novembre 1976 », Fonds MLAC, 10 AF 3 : Collectif et commissions ; « Plateforme de la campagne avortement contraception et sexualité du mouvement des femmes, à l'occasion des quatre ans de la loi Veil (17 janvier 1979) et des discussions pour son renouvellement », Fonds MLAC, 10 AF 10 : Rencontres, débats, réunions ; Tract du Groupe des femmes latino-américaines de Paris, 15 janvier 1979, Fonds MLAC, 10 AF 10 ; Collectif, « Le contrôle des femmes », rédigé par des copines du groupe Self Help à partir du compte rendu de la commission sur le contrôle des femmes réunie au MLAC le 22 septembre 1979, Fonds MLAC, 10 AF 10.

114 Plateforme de la campagne avortement contraception et sexualité du mouvement des femmes, à l'occasion des quatre ans de la loi Veil (17 janvier 1979) et des discussions pour son renouvellement, Fonds MLAC, 10 AF 11 : Manifestations et campagnes.

revendiquées pour toutes, y compris les mineures et les immigrées, la loi Veil de 1975 excluant les femmes n'ayant pas accès à un remboursement par la Sécurité sociale d'une prise en charge financière de ces actes, d'où l'idée qu'il s'agit d'une « loi de classe, [...] une loi restrictive, [...] une loi répressive[115] ». La loi entérine de plus le contrôle médical sur l'avortement, dépossédant les militantes de compétences qu'elles mettaient à disposition des femmes hors milieu médical avant le vote de la loi, au sein des MLAC[116].

Ces militantes dénoncent aussi le double standard en matière de politique démographique, c'est-à-dire d'une part le natalisme promut par l'État français en métropole (incitations financières pour favoriser les naissances, interdiction de la contraception) ; et d'autre part les mesures de limitation des naissances mises en place dans les territoires et départements d'outre-mer et déjà incriminées par des associations féministes et anticolonialistes locales comme l'Union des femmes de La Réunion[117]. La condamnation d'un « impérialisme » en matière contraceptive est rapprochée d'une critique plus globale des politiques coercitives de limi-

115 « Projet de plateforme de lutte, rédigé par le collectif des groupes MLAC parisiens. Relu et corrigé par l'A.G. du 1er novembre 1976 », Fonds MLAC, 10 AF 3.

116 Ruault L., *Le spéculum, la canule et le miroir : les MLAC et mobilisations de santé des femmes, entre appropriation féministe et propriété médicale de l'avortement (France, 1972-1984)*, thèse de doctorat, université de Lille, 2017.

117 Paris M., « Un féminisme anticolonial : l'Union des femmes de La Réunion (1946-1981) », *Mouvements* 91 (3), 2017, p. 141-149.

tation des naissances dans les pays dits du Sud, où des expérimentations de nouvelles méthodes contraceptives (comme certains dispositifs intra-utérins, ou encore l'injection hormonale Depo-Provera) sont réalisées sur des femmes non blanches de milieux populaires, comme ce fut le cas pour les essais cliniques menés sur la pilule à Porto Rico[118].

Malgré la revendication d'une autonomie par rapport à l'institution médicale, l'injonction de recourir à la pilule est peu mise à distance au sein de ces mouvements, hormis quelques voix dissidentes. Ainsi, un supplément du *Torchon brûle* (1973), intitulé « Contraception, avortement, sexualité, réformisme, gratuité[119] » présente une image très négative des contraceptifs oraux, opposée à la vision proposée dans le premier numéro de la revue. Portant une parole collective consciente de sa marginalité dans le paysage féministe français, cet article critique les méthodes de contraception qui soumettent les femmes à un contrôle social des médecins et questionne l'idée selon laquelle la pilule ou le DIU auraient libéré les femmes. Les autrices de l'article, une vingtaine de femmes, rendent compte de leur déception par rapport à la pilule, qui leur a donné l'impression qu'elle « [les] libérait, [leur] permettait d'échapper à des contraintes (grossesse, avortement),

118 Tone A., *Devices and Desires*, *op. cit.* ; Briggs L., *Reproducing Empire*, *op. cit.*

119 Collectif, « Contraception, avortement, sexualité, réformisme, gratuité », supplément au *Torchon brûle* 5, 1973, BnF Fol-Jo 16349.

à des normes (fidélité conjugale…), à des institutions (mariage, famille…), à des lois (réglementation de la vente et de l'usage des contraceptifs, interdiction de l'avortement) », mais représente en fait une « atteinte » à leur corps qui perturbe son « fonctionnement biologique » en y introduisant « un cycle complètement artificiel ». Selon elles, « l'absorption régulière d'un produit chimique [les] inscri[t] dans la chaîne médecin-médicament-maladie ». La pilule, qui autorise « une plus grande liberté dans [les] rapports sexuels », pourrait ainsi être vécue comme « une soumission à l'impérialisme du désir masculin : comment se dérober à la contrainte sexuelle (conjugale ou non) quand on ne peut plus alléguer le risque de grossesse ? » L'article interroge ainsi les rapports de pouvoir au cœur de la sexualité hétérosexuelle, qui font des outils de libération de nouveaux moyens de mise à disposition du corps des femmes : la contraception libèrerait uniquement « de la peur des grossesses non désirées » ou de l'avortement, mais pas d'une « sexualité bourgeoise et capitaliste qui nie et détruit le rapport de la femme à son corps pour mieux l'exploiter ». Selon les autrices, « le "progrès", pensé par les hommes à la place des femmes, est un piège pour [elles], une illusion de liberté, un enfermement dans les rapports et les valeurs bourgeoises "rafraîchies" selon les nouvelles exigences du système capitaliste ». S'inscrivant dans une perspective marxiste représentée au sein du courant « lutte des classes » du MLF[120], les autrices de l'article dénoncent l'appropriation du corps des femmes comme une exploitation capitaliste de leurs fonctions productives et reproductives. Enfin, ces féministes proposent une objection radicale à l'idée que la pilule aurait permis une libération sexuelle, dans la lignée des critiques portées en Angleterre ou en Allemagne de l'Ouest, mais également par des militantes féministes dans l'après-Mai 68[121]. Ces militantes considèrent en effet que la « libération sexuelle » revendiquée dans la suite des manifestations de Mai 68 a surtout libéré la sexualité des hommes, sans véritablement remettre en cause les rapports de pouvoir entre les hommes et les femmes dans la sexualité hétérosexuelle. La pilule a pu constituer pour certaines non pas un outil d'émancipation, mais avant tout un outil de mise à disposition sexuelle des femmes pour les hommes. C'est d'ailleurs le sexisme généralisé au sein des mouvements gauchistes et de Mai 68, ainsi que la distance critique vis-à-vis des leurres de la « libération sexuelle », qui ont conduit de nombreuses femmes à s'engager par la suite dans les mouvements féministes, notamment au MLF[122]. Si la meilleure maitrise de la fécondité apportée par les méthodes contraceptives est

120 Picq F., *Libération des femmes, quarante ans de mouvement*, Brest, Éditions dialogues, 2011.

121 Ruault L., « Libération sexuelle ou "pression à soulager ces messieurs" ? Points de vue de femmes dans les années 68 en France », *Ethnologie française* 174 (2), 2019, p. 373.

122 Picq F., *Libération des femmes, quarante ans de mouvement*, *op. cit.*

initialement perçue comme une libération par rapport au rôle social assigné aux femmes, cette vision s'estompe progressivement devant le constat que le contrôle efficace de la fécondité ne débouche pas forcément sur une révolution des rapports de genre au sein du couple.

Ces questionnements sont prolongés par quelques militantes du MLAC et des mouvements de self-help à la fin des années 1970, qui mettent en cause la surveillance accrue du corps des femmes impliquée par la médicalisation de la contraception et l'administration de produits pharmaceutiques durant plusieurs années. Sans systématiquement rejeter la pilule, cette critique est attentive aux risques et effets secondaires de cette méthode et se distancie de l'expertise produite par les médecins et par les industries pharmaceutiques. On la retrouve par exemple dans l'adaptation française du recueil *Notre corps, nous-mêmes*, livre d'information sur la santé des femmes écrit «par des femmes pour les femmes», initialement publié par le collectif de Boston pour la santé des femmes à partir de 1971 avant de paraitre en France en 1977[123]. L'adaptation française est un manuel pratique de 240 pages qui traite de thématiques diverses sur la santé et la sexualité des femmes, afin de leur donner une meilleure connaissance de leur corps et une plus grande autonomie par rapport à l'expertise médicale. Dans la trentaine de pages consacrées à la contraception,

123 Collectif de Boston pour la santé des femmes, *Notre corps, nous-mêmes*, Paris, Albin Michel, 1977.

on retrouve une critique de l'emprise des laboratoires pharmaceutiques sur la recherche, sur la formation médicale et sur les choix contraceptifs des femmes. Cela se double d'une mise en cause du monopole médical sur l'expertise liée à la contraception et du manque de rigueur de la plupart des médecins dans la prescription de contraceptifs, « trop rapides dans [leurs] observations ou [leurs] explications ». Les femmes « sont généralement très mal informées » et les médecins « n'ont bien souvent ni le temps ni la possibilité de se documenter auprès de sources objectives, puisque la majorité des informations leur vient précisément des laboratoires pharmaceutiques ou des revues financées par leur publicité ». Les militantes appellent donc de leurs vœux une plus grande indépendance des femmes, ce qui passe par la circulation d'informations concernant leur santé, afin d'obliger « les médecins et les laboratoires pharmaceutiques à reconsidérer leurs opinions et leurs pratiques en fonction » de celles des femmes. Le manuel promet de n'omettre « aucun détail sur les effets secondaires et les inconvénients des méthodes contraceptives », sous-estimés dans l'information produite par l'État en lien avec les expert·es ou les centres de planning familial. Il rapporte les liens existant entre la pilule et des caillots sanguins, la pilule et les cancers, et enfin entre la pilule et de potentielles malformations du fœtus chez les femmes l'ayant prise pendant de nombreuses années, avant d'affirmer que « trop d'informations contradictoires circulent et rendent difficile notre choix sur la pilule. D'un côté on cherche à nous effrayer, de l'autre on minimise les dangers ». Ces militantes considèrent ainsi que la pilule, par son efficacité, peut affaiblir « le contrôle social des hommes sur les femmes », mais appellent à prendre en considération les diverses critiques formulées à l'égard des pilules et de leurs effets secondaires, pour donner aux femmes le droit de faire un choix informé à propos de leur méthode contraceptive, et les rendre à même de reconnaitre des douleurs ou des symptômes alarmants dans l'utilisation de ces produits, notamment les symptômes de thrombose. Elles insistent également sur la diversité des réactions des femmes à ces produits, certaines ne développant aucun trouble physique ni psychique, tandis que d'autres éprouvent des effets secondaires parfois dangereux.

Les mouvements de self-help en France proposent une critique encore plus radicale de la médicalisation de la contraception, appelant à recourir à des méthodes qui ne font pas dépendre les femmes de l'institution médicale. Un collectif de self-help parisien promeut par exemple le diaphragme et rejette les méthodes médicales de contraception[124]. Outre la dénonciation des risques que la pilule et le DIU font courir aux femmes, les militantes remettent en cause l'efficacité théoriquement supérieure de ces deux méthodes. Le choix

124 Collectif, « Le diaphragme, une contraception méconnue », brochure sur le diaphragme d'un Collectif de self-help parisien (5, rue Véron, 75018 Paris), date inconnue (probablement début des années 1980), Fonds MLAC, 10 AF 38 : Avortement et contraception.

« doit se faire à partir d'une information réelle et non pas à partir d'un ultimatum du type : "prenez x sinon vous allez vous retrouver enceinte" », chaque moyen ayant « ses inconvénients ainsi que ses avantages ». Les critères de choix incluent des notions d'efficacité – théorique et pratique –, mais aussi de confort général d'utilisation, ce dernier aspect devant tenir compte de « la femme dans sa totalité » et ne pas uniquement viser « son appareil de reproduction ». Les militantes appellent à une distance critique vis-à-vis d'une médecine et d'une recherche très masculinisées et perçues comme patriarcales. Dans ce contexte, le diaphragme, dont l'efficacité est « comparable au stérilet, aux mini-pilules, à la combinaison préservatif/spermicides », apparait comme « une méthode de contraception qui ne pose aucun risque pour la santé de la femme » et représente, avec la possibilité d'avortement en cas d'échec, « la méthode de contraception la moins dangereuse ». Comme elles l'expriment : « Est-il nécessaire d'être "contraceptée" 24 h sur 24 ? Sommes-nous assez grandes pour prendre notre corps en charge ? [...] Le diaphragme comme contraception n'est pas 100 % efficace. Reste les 2 % d'échecs [...] Si vraiment ces 2 % provoquent chez vous ou votre partenaire une angoisse irrémédiable – il ne faut surtout pas utiliser un diaphragme. Ce qui compte le plus c'est de se sentir bien avec sa contraception. » Cette critique de la médicalisation de la contraception vise à remettre la santé des femmes et leur autonomie décisionnelle au cœur de la réflexion sur les méthodes contraceptives.

Comment comprendre que ces voix soient restées marginales au sein des mouvements féministes des années 1960 aux années 2000, et que ceux-ci aient été si peu critiques à l'égard de la contraception médicalisée – voire régulièrement hostiles à des prises de position contre la pilule –, contrairement à leurs homologues allemands, anglais ou américains ? La chercheuse Lucile Ruault y voit un signe du relatif désintérêt de ces mouvements français pour les questions de santé[125]. Elle note également les attaques répétées du Planning familial à l'égard des féministes critiques de la pilule, accusées d'être contre la contraception, de pousser les femmes vers des «pseudo-méthodes» et d'être à l'origine de centaines de nouveaux avortements. Les militantes du Planning familial, qui occupent une place importante dans l'espace des luttes pour l'accès à la contraception, ont contribué à empêcher la critique de la contraception médicalisée de se structurer durablement et à la maintenir à l'état d'impensé, d'opinion inaudible.

La marginalité de cette critique en France résulte aussi de la temporalité dans laquelle s'inscrit la diffusion de la pilule et d'une adhésion stratégique des féministes françaises à la vision d'une pilule émancipatrice. En effet, les critiques s'élèvent contre la pilule aux États-Unis, en Angleterre et en Allemagne

125 Ruault L., *Le spéculum, la canule et le miroir*, *op. cit.*, p. 693-699.

de l'Ouest alors que ce contraceptif y est commercialisé depuis déjà dix ou quinze ans. Elles émanent des mouvements pour la santé des femmes, au moment où paraissent les premiers résultats des études épidémiologiques sur les risques thrombo-emboliques des pilules. La critique féministe trouve donc un écho dans le champ scientifique et dans l'espace médiatique au moment même où elle surgit. Les références du Women's Health Movement aux travaux de Barbara Seaman sont d'ailleurs fréquentes[126]. Au contraire, en France, l'accès à ces produits est tout à fait restreint jusqu'aux années 1970. La lenteur de la diffusion de la pilule et les attaques récurrentes dont elle a fait l'objet dans les années 1960 dans la presse française ont incité les féministes à présenter l'accès à la contraception comme un acquis fragile, pouvant à tout moment être remis en cause. De plus, la critique sur les risques des œstroprogestatifs émerge à un moment où ils ne sont pas encore largement diffusés et elle ne provient pas des milieux féministes eux-mêmes. Les mouvements féministes français ne sont donc pas confrontés à la même situation que leurs homologues étatsuniens et européens quand se développent les discours sur les dangers des contraceptifs oraux. C'est ce qui explique que toute critique à l'égard de ces produits soit rapidement perçue comme une atteinte à la liberté

126 Löwy I., « Le féminisme a-t-il changé la recherche biomédicale ? Le Women Health Movement et les transformations de la médecine aux États-Unis », *Travail, genre et sociétés* 14 (2), 2005, p. 89-108.

contraceptive des femmes. Le décalage entre le désir des femmes de contrôler leur fécondité et la disponibilité des produits, couplé au fait que les critiques de la pilule ont très tôt été formulées par les milieux conservateurs plutôt que par les femmes elles-mêmes, a conduit les militantes féministes françaises à refuser de les entendre, pour certaines jusqu'à aujourd'hui.

Prescrire la pilule : la construction d'une évidence médicale

Nous l'avons vu, à partir du XIXe siècle, face à la chute de la fécondité et à la crainte d'une réduction de leur population, plusieurs États-nations européens adoptent des lois répressives contre toute forme de limitation des naissances. L'État occupe alors un rôle central dans la régulation des pratiques de contrôle de la fécondité en France. Ce « gouvernement des mœurs[1] » le conduit en 1920 à légiférer contre la publicité et la vente des contraceptifs, et contre l'avortement (chapitre 1). Cependant, à partir des années 1960, l'État délègue progressivement au corps médical son pouvoir d'édicter

1 Cahen F., *Gouverner les mœurs. La lutte contre l'avortement en France, 1890-1950*, Paris, PUF, 2016.

des normes en matière contraceptive. Cela participe d'un mouvement plus large de désengagement étatique des processus de régulation de la vie et de la mort, de plus en plus renvoyés à la sphère médicale. Ce phénomène de « médicalisation » que connaissent les sociétés d'Europe de l'Ouest et d'Amérique du Nord conduit à définir de plus en plus de problèmes sociaux en termes sanitaires, et à leur apporter une solution médicale[2]. La loi de 1967 acte ainsi la prise en charge de la contraception par les médecins, puis celle de 1974 conditionne le remboursement par la Sécurité sociale des moyens contraceptifs à la prescription médicale.

Trois types de mesures font néanmoins exception à ce désengagement de l'État vis-à-vis des questions de contraception. Premièrement, la politique nataliste, qui vise à favoriser les naissances au moyen d'avantages sociaux ou financiers consentis aux couples qui ont plusieurs enfants. Deuxièmement, la régulation des produits et objets contraceptifs, au même titre que les autres médicaments et dispositifs médicaux, même si la gestion de la mise sur le marché des médicaments est de plus en plus confiée à des expert·es en sciences et médecine au sein d'instances dédiées (comme l'Agence française du médicament). Troisièmement, les campagnes d'information sur la contraception lancées

2 Conrad P., *The Medicalization of Society: On the Transformation of Human Conditions into Treatable Disorders*, Baltimore, Johns Hopkins University Press, 2007 ; Aïach P. et Delanoë D., *L'ère de la médicalisation:* ecce homo sanitas, Paris, Anthropos, 1998.

ponctuellement auprès du grand public[3]. Hormis ces mesures, l'État délègue son pouvoir de produire des normes contraceptives au corps médical, ce qui a deux conséquences principales. D'une part, l'expertise médicale en contraception devient la principale expertise légitime en la matière. D'autre part, l'obtention d'une méthode contraceptive ou d'informations sur la contraception est majoritairement conditionnée à la prescription, ce qui donne au corps médical un pouvoir important dans la définition du choix contraceptif proposé. De nombreuses recherches montrent ainsi que la prescription contraceptive s'inscrit dans des rapports de pouvoir, de genre, de classe et de « race »[4]

3 La première campagne est lancée en 1981-1982 par Yvette Roudy, ministre des Droits de la femme nommée par Mitterrand après son élection en 1981. Axée sur la notion de choix contraceptif, la campagne réaffirme la nécessité d'une large information sur la contraception afin de lutter contre l'avortement et les grossesses non prévues, porteur et porteuses de « drames familiaux et professionnels », ce qui révèle l'incorporation de l'argumentaire des mouvements féministes sur l'autonomie sexuelle des femmes. Elle est relancée en 1992, cette fois plus orientée vers un public jeune et des questions de responsabilisation à l'égard de leur sexualité. En 2007, la campagne de l'Institut national de prévention et d'éducation à la santé (INPES) réaffirme la nécessité d'offrir un véritable choix contraceptif, avec le slogan : « La meilleure contraception, c'est celle que l'on choisit. »

4 Bretin H., *Contraception : quel choix pour quelle vie ? Récits de femmes, paroles de médecins*, Paris, INSERM, 1992 ; Bajos N., Ferrand M. et l'équipe Giné, *De la contraception à l'avortement. Sociologie des grossesses non prévues*, Paris, INSERM, 2002 ; Bajos N. *et al.*, « Les inégalités sociales d'accès à la contraception en France », *Population* 59, 2004, p. 479-502 ; Ruault L., « La force de l'âge du sexe faible. Gynécologie médicale et construction d'une vie féminine », *Nouvelles questions féministes* 34 (1), 2015, p. 35-50 ; Prud'homme D., « Du "soin global" au traitement discriminatoire. La prise en charge de patientes identifiées comme roms dans un service de gynéco-obstétrique

qui se caractérisent par une asymétrie entre médecin et patient·e[5]. Cette asymétrie résulte notamment du fait que la légitimité de la profession médicale s'appuie sur la maitrise de savoirs experts – des connaissances scientifiques et cliniques – par opposition aux savoirs que peuvent mobiliser les profanes. Depuis les années 1960, en France, la prescription contraceptive a été prise en charge par un segment spécialisé de la profession médicale : les gynécologues médicales·aux[6]. Les utilisatrices de contraceptifs ayant été historiquement évincées des sphères de décision et d'expertise concernant les techniques qui impactent leur corps, leurs choix contraceptifs s'inscrivent donc principalement dans le cadre normatif édicté par ces prescripteur·ices.

La norme contraceptive française résulte ainsi principalement d'un canon médical qui enjoint de prescrire la pilule en première intention et disqualifie la viabilité des autres moyens de réguler la fécondité. Mais comment la prescription de la pilule est-elle devenue une évidence pour les médecins en France ? Quelles règles

parisien », *Terrains & travaux* 29, 2016, p. 85-104 ; Fonquerne L., *(Faire) avaler la pilule. Une sociologie des prescriptions et des usages d'une contraception en « crise »*, thèse de doctorat, université Toulouse 2 Jean Jaurès, 2021.

5 Boltanski L., « Les usages sociaux du corps », *Annales. Économies, sociétés, civilisations* 1, 1971, p. 205-233 ; Mathieu M. et Ruault L., « Prise en charge et stigmatisation des avortantes dans l'institution médicale : la classe des femmes sous surveillance », *Politix* 107, 2014, p. 33-59.

6 Koechlin A., *Suivre et être suivie. L'émergence, la consolidation et la déstabilisation de la norme gynécologique en France (1931-2018)*, thèse de doctorat, université Paris 1 Panthéon-Sorbonne, 2021.

relatives aux différentes méthodes contraceptives ont-elles été promues par les expert·es ? Quel rôle a joué la gynécologie médicale dans la mise en place d'une centralité de la pilule en France ? Enfin, comment ces normes se sont-elles traduites dans la formation et les pratiques médicales ?

L'expertise en contraception centrée sur la pilule

Nous l'avons vu, jusqu'à la loi Neuwirth et ses décrets d'application, la prescription de méthodes et dispositifs contraceptifs expose les médecins à des sanctions juridiques ou professionnelles. Celleux qui s'associent à cette cause risquent leur réputation et leur carrière. L'Ordre des médecins, instance nationale représentative de la profession, affirme d'ailleurs le 24 janvier 1962 que « le médecin n'a aucun rôle à jouer ni aucune responsabilité à assurer dans l'application des moyens anticonceptionnels, dans les conseils au public, ou les démonstrations relatives à ces moyens », et il menace de « graves sanctions disciplinaires » les médecins inscrit·es sur les listes des centres de planning familial ou acceptant de recevoir la clientèle que ces structures leur adressent[7].

7 Garcia S., *Mères sous influence. De la cause des femmes à la cause des enfants*, Paris, La Découverte, 2011 ;

Malgré ces interdits et menaces, une expertise militante sur la contraception émerge toutefois dans les années 1950 et 1960.

L'émergence d'une expertise à la fois médicale et militante sur la contraception

Des médecins militant·es engagé·es en faveur de la contraception

Dans le contexte de l'illégitimité et de l'illégalité de la contraception, deux types d'expertise en contraception émergent dans les années 1950 et 1960 : une avant-garde hospitalière se positionne contre les ravages de l'avortement clandestin, tandis que les militantes de l'association Maternité heureuse participent à l'élaboration d'une expertise clinique et de terrain. Ces deux types d'expertise reposent d'une part sur une tradition de gynécologie médicale, d'endocrinologie de la reproduction et du traitement des stérilités déjà bien ancrée en France depuis les années 1930[8], et d'autre part, sur les savoir-faire glanés dans les cliniques anglaises et dans les congrès mondiaux des différentes organisations internationales comme l'Organisation mondiale de la santé et le Population Council, ou encore dans les publications scientifiques de chercheur·euses de tous

Pavard B., *Si je veux, quand je veux. Contraception et avortement dans la société française (1956-1979)*, Rennes, PUR, 2012.

8 Löwy I. et Weisz G., « French hormones: progestins and therapeutic variation in France », *Social Sciences and Medicine* 60, 2004, p. 2609-2622.

pays. Les savoirs ainsi rassemblés constituent le fer de lance de l'expertise en contraception, à une époque ou seul·es les militant·es se positionnent en faveur de cette question. Du côté hospitalier, Jean Dalsace, évoqué précédemment, fervent partisan du contrôle des naissances dans les années 1930, gynécologue hospitalier et praticien spécialisé sur les questions de stérilité, ouvre en 1935 à Suresnes la première consultation de contraception. Médecin et chercheur reconnu en gynécologie[9], il rejoint très tôt le MFPF, publie abondamment sur le contrôle des naissances, participe à des congrès internationaux sur le sujet et s'intéresse dès les années 1930 aux techniques de stérilisation masculine et féminine. Son successeur et proche collaborateur Raoul Palmer (1904-1995), chirurgien également très actif au sein de la Société française de gynécologie, se spécialise en gynécologie dans le traitement des stérilités féminines. Formé à l'hôpital, exerçant aussi en cabinet de ville, il est, comme Dalsace, favorable au contrôle des naissances. Il participe en 1961 à la campagne de presse en faveur de la contraception lancée dans *Le Monde*, ce qui lui vaut un premier blâme du Conseil de l'Ordre des médecins, réitéré en 1963[10]. Le prestige de ces deux médecins hospitaliers, s'il ne les

9 Il participe à la Société française de gynécologie dès sa création en 1931 : il y fait plusieurs présentations et prend part aux débats scientifiques.

10 Schlogel G., « Raoul Palmer et l'aventure cœlio-chirurgicale de 1940 à 1995 », *Histoire des sciences médicales* 30 (2), 1996.

porte pas au sommet de la hiérarchie hospitalo-universitaire (aucun d'eux ne deviendra « Professeur » ni chef de service, et ce alors qu'ils ont effectué toute leur carrière à l'hôpital et qu'ils étaient reconnus comme de grands « patrons »), leur permet néanmoins de légitimer le combat en faveur du contrôle des naissances et d'apporter une compétence médicale reconnue sur le sujet.

À rebours d'une expertise fondée sur le prestige hospitalier, Lagroua Weill-Hallé, gynécologue sensibilisée aux ravages des avortements clandestins évoquée précédemment, mène son entreprise militante au sein de l'association Maternité heureuse aux côtés d'Évelyne Sullerot et d'Anne-Marie Dourlen-Rollier, respectivement sociologue et juriste. Cette association, devenue en 1960 le MFPF, participe à l'élaboration d'une expertise de terrain, acquise et transmise par les militant·es des mouvements nationaux et internationaux pour le planning familial. De nombreuses médecins de Maternité heureuse sont ainsi allées se former en Angleterre à la prescription du diaphragme – puis progressivement des pilules contraceptives – dans les cliniques mises en place par Marie Stopes, médecin et militante pour le *birth control*[11]. Cette compétence est aussi clinique, et Lagroua Weill-Hallé est l'autrice des premières publications en France sur les aspects

11 Rusterholz C., « English and French women doctors in international debates on birth control (1920-1935) », *Social History of Medicine* 31 (2), 2018, p. 328-347.

cliniques du recours aux différents moyens contraceptifs, ce qui lui confère une légitimité dans l'arène médiatique et dans la sphère politique[12]. Régulièrement citée dans la presse pour sa connaissance des différentes méthodes, Lagroua Weill-Hallé fait également partie des expert·es auditionné·es par l'Assemblée nationale dans le cadre des délibérations sur la loi Neuwirth[13]. Autre figure intéressante de ce savoir militant, Suzanne Képès (1918-2005) est également engagée dans le combat pour l'accès à la contraception dès les débuts de Maternité heureuse. Médecin du travail dans l'après-guerre, elle se spécialise d'abord en psychiatrie, puis en gynécologie et en sexologie, domaines alors délaissés par les médecins. Elle participe ainsi, sous l'influence de Michael Balint, à l'importation d'une approche psychosomatique, qu'elle applique à la gynécologie et au traitement des dysfonctions sexuelles. En 1947, elle découvre l'existence d'un Planning familial à Londres à la suite d'une formation gratuite à l'International Planned Parenthood Federation. Elle diffuse alors illégalement les moyens de

12 Lagroua Weill-Hallé M.-A., *La libre conception à l'étranger, étude clinique des méthodes anticonceptionnelles et recherches expérimentales*, Paris, Maloine, 1959 ; Lagroua Weill-Hallé M.-A., *Contraception orale ou locale : expérience française sur 2 011 femmes, 1958-1961*, Paris, Maloine, 1964.

13 Rapport au nom de la commission spéciale chargée d'examiner la proposition de loi n° 1870 de M. Neuwirth et plusieurs de ses collègues tendant à modifier les articles 3 et 4 de la loi du 31 juillet 1920 (articles L. 648 et L. 649 du Code de la santé publique), concernant la prophylaxie anticonceptionnelle, par M. Neuwirth, député, annexe au procès-verbal de la séance du 1er décembre 1966, BIUM Paris-Descartes, Fonds Dalsace-Vellay, Dalsace 11.

contraception qu'elle obtient à Londres de 1947 à 1955, en faisant régulièrement le voyage pour reconstituer son stock de capes cervicales et de diaphragmes. En 1955, elle rencontre Lagroua Weill-Hallé et rejoint Maternité heureuse. Co-fondatrice du MFPF en 1960, elle rallie trois prix Nobel à la cause contraceptive par l'intermédiaire de son mari. Elle participe avec Jean Cohen (1929-2007) et Pierre Simon à l'édition de la revue médicale spécialisée *Contraception, fertilité, sexualité* à partir de 1968, et forme des conseillères familiales au sein du Planning. Vice-présidente du mouvement entre 1970 à 1973, elle est progressivement évincée de ses fonctions de responsable de la formation des conseillères et quitte le Planning en 1973 après la prise de pouvoir par les militantes. Elle reste pendant longtemps l'une des références principales en matière de contraception et de sexualité.

Comment comprendre l'engagement de tous·tes ces médecins pour la cause contraceptive malgré les risques légaux et le possible impact négatif sur leur carrière ? L'historienne Bibia Pavard et la sociologue Sandrine Garcia notent le rôle des « engagements préalables » d'une partie d'entre elleux : la Seconde Guerre mondiale a constitué pour certain·es un moment de socialisation à des pratiques illégales, au nom d'une justice sociale[14]. Plusieurs se sont très tôt engagé·es

14 Pavard B., *Si je veux, quand je veux*, *op. cit.*, p. 47-49 ; Garcia S., *Mères sous influence*, *op. cit.*, p. 62-80.

dans la résistance, et la plupart possèdent des dispositions militantes façonnées par une appartenance à des associations, des partis ou des organisations politiques, qui les conduisent à mettre à distance la morale prônée par le Conseil national de l'Ordre des médecins. Ces miliant·es partagent également une « identité dominée » au sein du champ médical, liée à leur engagement politique (de gauche, socialiste ou communiste), leur origine sociale modeste, ou leur appartenance religieuse (une large part d'entre elleux sont juif·ves ou protestant·es). La plupart de ces médecins ont déjà connu des trajectoires professionnelles contrariées au moment où iels s'engagent dans la cause contraceptive. De fait, le corps médical français est majoritairement issu de la bourgeoisie catholique, conservatrice et partiellement antisémite, selon les témoignages d'une partie de ces expert·es, qui reviennent sur les commentaires ou comportements discriminatoires qu'iels ont expérimentés durant leurs études ou leur carrière[15].

À l'inverse, les médecins ayant déjà acquis une reconnaissance et un certain prestige dans la sphère médicale refusent de s'engager publiquement en faveur de la contraception dans les premières années du MFPF, même s'il arrive qu'ils apportent un soutien informel. C'est le cas d'Albert Netter (1910-2012), chef du service de gynécologie et d'endocrinologie de l'hôpital Necker.

15 Entretiens avec le docteur C, gynécologue et endocrinologue en libéral, et la docteure D, ancienne gynécologue à l'hôpital et en cabinet de ville.

Netter participe, avec René Musset, à achever le processus d'institutionnalisation de la gynécologie médicale en France[16], en créant en 1949 le premier service hospitalier de gynécologie médicale à Necker (Paris). Spécialisé dans le domaine de la fertilité féminine et masculine, il étudie de nombreux traitements hormonaux contre diverses affections gynécologiques, offrant des options médicales à une spécialité alors dominée par la chirurgie. Ce chef de service reconnu dans le champ médical adopte une posture ambivalente vis-à-vis d'une cause – la régulation des naissances – qu'il soutient, mais pour laquelle il n'est pas prêt à compromettre sa réputation. En 1960, Netter choisit de nommer Jacqueline Kahn-Nathan (1924-2021), son ancienne interne, comme cheffe de clinique au sein de son service, dans le but explicite de développer la contraception à Necker, tout en se dégageant de toute responsabilité et en s'assurant que son nom ne soit pas associé à cette entreprise. Son engagement demeure donc discret jusqu'au vote de la loi Neuwirth.

Les expert·es sollicité·es par les pouvoirs publics ne sont pas seulement des militant·es. La « commission pilule », dite aussi « des treize sages », chargée d'étudier « les conséquences éventuelles sur la santé de l'absorption de produits anticonceptionnels » dans l'éventualité d'une libéralisation de la contraception, est par exemple formée de treize médecins et chercheurs spécialistes de différents domaines de la médecine (obstétrique, pédiatrie,

16 Koechlin A., *Suivre et être suivie*, *op. cit.*

néphrologie, oncologie, hématologie, biologie, endocrinologie, pharmacologie, psychiatrie, embryologie et génétique), tous des hommes ayant acquis une certaine notoriété et reconnaissance dans leur domaine mais qui s'intéressent pour la plupart assez peu à la contraception. Parmi ces experts, on retrouve Netter, mais également Étienne-Émile Baulieu (né en 1929), chercheur en biologie et en endocrinologie formé à la contraception orale au contact de Pincus aux États-Unis[17]. Après plusieurs mois de délibérations, nous l'avons vu, la commission conclut le 23 mars 1966 à l'absence de contre-indications majeures à la prescription des contraceptifs œstroprogestatifs. Très médiatisé, ce « feu vert pour la pilule » déjà évoqué met en scène la figure de l'homme, expert médical et arbitre légitime de l'autorisation ou de l'interdiction de produits à risque pour les femmes, laissant peu de place à l'expertise militante.

De la rivalité entre expertises non médicales et médicales au sein du Planning familial à la médicalisation de la contraception

La création en 1961 du Collège médical du Planning familial, initialement pensé comme une instance de

17 Cette rencontre avec Pincus l'a persuadé de l'efficacité de la pilule œstro-progestative, et lui a donné accès aux recherches de l'Organisation mondiale de la santé (OMS) et d'autres organismes internationaux sur la contraception. Selon son témoignage, c'est la documentation de l'OMS mobilisée lors des délibérations de la « commission pilule » qui lui a permis de convaincre ses confrères de rendre un avis favorable à la contraception hormonale, alors qu'ils étaient à priori plutôt opposés à autoriser un produit dont ils connaissaient mal les effets et les risques.

légitimation de la cause contraceptive (chapitre 1), vient brouiller la distinction nette entre expertise hospitalière et expertise de terrain. En effet, en associant les luttes pour l'accès à la contraception à un combat des médecins pour la santé des femmes, la mobilisation des médecins du Collège médical confère davantage de légitimité à la cause contraceptive. Créée sous le nom de « Collège médical pour l'étude et le contrôle de la fertilité et la lutte contre l'avortement[18] », cette instance du MFPF évoquée précédemment se constitue petit à petit comme autorité concurrente de l'Ordre des médecins et conteste le monopole de l'éthique médicale exercé par celui-ci. Au cours des années 1960, le Collège médical gagne en importance au sein du Planning, dont il absorbe une grande partie des fonds. Il créé plusieurs commissions pour étudier les aspects médicosociaux de la contraception sous l'angle tant de la pratique médicale que des produits. Ses membres édictent également les bonnes pratiques en matière d'utilisation et de pose des contraceptifs et sont plus largement chargés de la formation des médecins, de l'organisation de conférences, et de la diffusion d'informations médicales sur la contraception. Nous l'avons vu, le Collège médical perdure jusqu'en 1973, date à laquelle la frange non médicale du MFPF, majoritaire et devenue favorable à une libéralisation de l'avortement, élit Simone Iff, hôtesse d'accueil, à la tête de l'association. À la suite

18 *Revue trimestrielle du MFPF* 20, mars 1962, p. 2.

de cette prise de pouvoir que les médecins perçoivent comme une éviction des expert·es de la santé par les militantes, les médecins du Collège médical quittent le Planning. Le Collège est dissout peu de temps après. En un peu plus de dix ans, cette frange militante du corps médical est parvenue à imposer l'idée que la contraception doit être médicalisée, que le corps médical est seul à avoir la qualification suffisante pour prescrire des contraceptifs et que le passage par un·e médecin doit devenir nécessaire pour accéder à une contraception. Les médecins du Collège médical réalisent le « coup de force symbolique[19] » de convaincre de la nécessité de la médicalisation de la contraception en défendant une définition de la médecine concurrente à celle prônée par le Conseil de l'Ordre et qui intègre dans la pratique médicale une dimension préventive et non plus seulement curative. La notion de prévention émerge progressivement dans l'après-guerre avec le développement de la santé publique. Elle est d'ailleurs tout particulièrement promue dans le domaine de la régulation des naissances par ces expert·es militant·es. En 1966, l'Ordre des pharmaciens, soutenant l'évolution de la position de l'Ordre des médecins, se déclare favorable à une médicalisation surveillée de la contraception : « C'est au médecin consulté et à lui seul qu'il peut appartenir de conseiller le mode de contraception qui lui

19 Garcia S., « La création du collège des médecins : un coup de force symbolique », dans Bard C. et Mossuz-Lavau J., *Le planning familial : histoire et mémoire, 1995-2006*, Rennes, PUR, 2007, p. 109-118..

paraîtra le mieux adapté à chaque cas, et notamment de nature à ne pas faire courir le risque de contre-indications fâcheuses[20]. »

La contraception, comme objet d'étude et comme domaine médical, sort donc de l'illégitimité associée à sa clandestinité et à son caractère tabou pour faire de plus en plus l'objet de formations, de publications, et d'évènements scientifiques à destination des médecins. Au moment où elle devient une prérogative médicale, les médecins militant·es du Planning, jusque-là en marge de la profession, sont appelé·es à combler le manque de connaissances institutionnalisées concernant le contrôle des naissances et deviennent les principales références sur sa prise en charge médicale. Avec le soutien financier des laboratoires pharmaceutiques, iels assurent ainsi les formations médicales des médecins français·es en matière contraceptive.

Une vision militante de la contraception comme une panoplie de méthodes à disposition des femmes

À plusieurs reprises dans la presse médicale et généraliste, ces expert·es définissent les critères d'une « bonne » contraception : efficacité, innocuité, acceptabilité et, dans certains cas, réversibilité. Les hiérarchies établies entre les méthodes sont définies à l'aune de ces différents critères et évoluent à mesure que les

20 Conseil national de l'Ordre des pharmaciens, cité dans « Contrôle rigoureux pour la délivrance des contraceptifs », *Le Monde*, 19 novembre 1966 (auteur non précisé).

innovations technologiques propres à une méthode la rendent plus efficace, plus sure, ou mieux acceptée. C'est d'abord le diaphragme qui est promu au début des années 1960, car il présente l'avantage par rapport au préservatif d'être une méthode aux mains des femmes. Le préservatif a alors une image très négative : jugé peu sûr et peu pratique, il est associé aux maladies vénériennes et à la prostitution. Aussi, il est peu utilisé dans le cadre conjugal et peu recommandé par les expert·es, même s'il n'a pas été interdit par la loi de 1920. Au cours des années 1960, l'expertise en contraception se reconfigure autour des deux méthodes qui nécessitent des connaissances médicales relativement « nouvelles » : la pilule œstroprogestative et le DIU en plastique. Bien que ces deux méthodes occupent de plus en plus de place dans le discours des expert·es, ceux et celles-ci tendent à présenter la contraception comme une panoplie de divers moyens à disposition des femmes ou des couples, avec chacun ses avantages et ses inconvénients. Dès 1969, Jean Cohen précise dans la revue *Fertilité, orthogénie* que toutes les méthodes doivent être présentées aux consultantes en contraception afin de les aider à choisir celle qui leur convient le mieux. Selon lui, la consultation en contraception aurait pour but de délivrer une information exhaustive sur les différentes techniques, sans en discriminer aucune à priori[21]. Dans ce même article, si la pilule

21 Cohen J., « Choix d'une méthode », *Fertilité, orthogénie* 1 (1), 1969, p. 31.

est présentée comme la méthode la plus efficace, elle est également décrite comme celle qui cause le plus d'« ennuis » (troubles divers dans 20 % des cas) et qui a un fort taux d'abandon (1 personne sur 2 après un an). Bien qu'à ce moment elle représente la « meilleure » méthode du point de vue de l'efficacité, la pilule n'est pas la plus satisfaisante du point de vue du confort et de l'acceptabilité par les femmes. Le DIU en plastique, dont l'efficacité est jugée similaire à celle du diaphragme et qui présente l'avantage de la simplicité, comporte encore davantage d'inconvénients et de risques que la pilule, et un taux d'abandon très élevé (plus de deux tiers des femmes après un an). Les techniques de stérilisation masculine et féminine, elles, sont exclues de la panoplie des méthodes contraceptives proposées par ces expert·es[22].

22 Dans l'introduction de leur manuel sur la contraception publié en 1966, Dalsace et Palmer excluent explicitement l'avortement et la stérilisation de leur définition de la contraception. Dalsace J. et Palmer R., *La contraception*, Paris, PUF, 1966. C'est également le cas de Simon P., *Le contrôle des naissances. Histoire – philosophie – morale*, Paris, Petite bibliothèque Payot, 1966 ; voir aussi Ventola C., *Prescrire, proscrire, laisser choisir. Autonomie et droits des usagers des systèmes de santé en France et en Angleterre au prisme des contraceptions masculines*, thèse de doctorat, université Paris-Saclay, 15 mai 2017. Cécile Ventola montre que même si les méthodes de stérilisation ne font l'objet d'aucun encadrement juridique jusqu'en 2001,leur utilisation est souvent renvoyée à une jurisprudence datant de 1935 et ayant conduit à la condamnation pour « mutilation volontaire » de personnes ayant réalisé des vasectomies. Ces techniques ne sont donc employées qu'à titre exceptionnel et à visée préventive, pour des femmes chez qui la grossesse est contre-indiquée pour des raisons de santé.

Une expertise progressivement focalisée sur les hormones

La période de mise en place de la loi Neuwirth, entre sa ratification fin 1967 et la parution des derniers décrets d'application en 1972, constitue un moment charnière, où l'expertise médicale en contraception s'institutionnalise. Plusieurs expert·es militant·es du Collège médical revendiquent de nouveaux espaces institutionnels et opèrent une conversion de leur capital militant en expertise reconnue dans les sphères médicale, scientifique, et politique. Outre la création de revues scientifiques dédiées à la contraception, ces médecins publient également au tournant des années 1970 de nombreux traités scientifiques et des livres de vulgarisation sur la contraception en parallèle de leur pratique en libéral, ou sont sollicité·es au sein de commissions gouvernementales.

Henri Rozenbaum (né en 1938), gynécologue et endocrinologue très actif au sein du Collège médical du Planning familial, et auteur de la première thèse de médecine française sur la pilule, est ainsi sollicité par le ministre de la Santé en 1970 pour produire un rapport fondé sur son travail de thèse[23]. En plus de sa carrière en libéral et de vacations qu'il réalise à l'hôpital de 1968

23 Rozenbaum H., *La responsabilité du médecin devant la contraception orale*, thèse de doctorat en médecine, 1967 ; INSERM, *Rapport à M. le ministre de la Santé publique et de la Sécurité sociale. Les contraceptifs oraux*, Paris, Éditions de l'INSERM, 1971.

à 1974, il devient expert auprès de différents laboratoires, et publie de très nombreux livres de vulgarisation ou de formation sur la contraception et, plus largement, sur la gynécologie médicale et les hormones dites sexuelles (dont les traitements hormonaux substitutifs de la ménopause). Il est également corédacteur en chef, avec Jean Cohen, de *Contraception, fertilité, sexualité*, avant de fonder sa propre revue spécialisée, *Hormones, reproduction, métabolisme*. Pierre Simon (1925-2008), évoqué précédemment, fonde en 1973 l'Institut de formation, de recherche et d'études sur la sexualité et la planification familiale (IFRES) et est lui aussi régulièrement convié à dans des commissions gouvernementales. Il fait partie, dès 1974, du Conseil supérieur de l'information sexuelle, de la régulation des naissances et de l'éducation familiale, institué la même année par la loi Veil. Kahn-Nathan poursuit une carrière à l'hôpital en même temps qu'elle réalise des consultations en contraception à la Mutuelle générale de l'Éductation nationle (MGEN) et en cabinet de ville, et elle publie de nombreux livres de vulgarisation sur la contraception. Jean Cohen, outre le congrès et la revue qu'il dirige, publie également des ouvrages sur la contraception à destination des médecins et du grand public. Parallèlement, dans la presse, des expert·es hospitalier·ères sont de plus en plus mobilisé·es sur chaque effet secondaire de la pilule et chaque risque potentiel : les experts en hyperlipidémie et hypertension sur les risques cardiovasculaires et thrombo-emboliques, ou encore des spécialistes en endocrinologie, sur les hormones de synthèse et leurs éventuels effets à long terme. La contraception apparait ainsi de plus en plus centrale dans l'exercice professionnel de ces médecins, et elle est de moins en moins un acte militant : lorsqu'iels sont cité·es dans la presse, leur appartenance présente ou passée au Planning disparait. Aussi, ces médecins gagnent en légitimité au sein de l'ensemble de la profession médicale, tandis que la contraception devient champ à part entière de médecine.

La professionnalisation de cette expertise s'accompagne d'une technicisation croissante des savoirs sur la contraception. Les articles publiés dans la revue *Contraception, fertilité, sexualité* entre 1968 et 1980, plutôt centrés au début sur un objectif de vulgarisation ou sur des aspects sociaux, moraux ou psychologiques, s'allongent progressivement et se focalisent sur l'évaluation des risques et des contre-indications des méthodes contraceptives (principalement médicales), en s'appuyant sur des enquêtes épidémiologiques. L'intérêt accordé aux différentes méthodes évolue : la technicisation des savoirs évince progressivement les méthodes et les connaissances jugées trop simples ou trop peu dignes d'intérêt scientifiquement : si un court article mentionne en 1972 les « méthodes physiques de contraception » (diaphragmes, capes cervicales, préservatifs et spermicides), c'est surtout pour signaler qu'elles constituent une bonne solution en cas de contre-indication aux œstroprogestatifs ou au DIU.

Le diaphragme, au cours des années 1970, disparait progressivement des articles de la revue, de même que les méthodes d'auto-observation, le retrait, ou encore les techniques de stérilisation. Un édito de 1982 résume bien ce recentrage progressif vers les pilules et les DIU : « Sur quels critères doit-on choisir une pilule plus ou moins dosée en progestatifs, préférer une contraception séquentielle à une contraception continue, choisir un modèle particulier de stérilet ? *Contraception, fertilité, sexualité* répond à ces questions[24]. »

À partir des années 1980, les pionnier·ères de l'expertise en contraception se reconvertissent vers d'autres champs scientifiques et médicaux. Certain·es se spécialisent dans le traitement des stérilités et les fécondations *in vitro* qui se développent à l'époque. Jean Belaïsch (1927-2018), spécialisé en endocrinologie, auteur des premiers articles sur la contraception masculine, s'oriente vers le traitement des stérilités, puis vers les traitements hormonaux de l'endométriose. Tandis que Baulieu poursuit l'étude biochimique et clinique des antihormones, qui mène à la mise au point du RU 486 permettant l'IVG médicamenteuse, Élisabeth Aubeny (née en 1932) fait de l'accès à ce produit l'un de ses principaux combats, suivi, à la fin des années 1990, de la lutte pour la commercialisation de la pilule du lendemain, accessible sans ordonnance et gratuite pour les mineures. Cette reconversion résulte

24 Comité de rédaction, *Contraception, fertilité, sexualité* 10 (4), 1982.

en partie d'une perte de l'intérêt militant et scientifique à la question de la contraception à partir du milieu des années 1970. La procréation médicalement assistée et les recherches biomédicales sur les traitements de la stérilité sont rapidement devenues le nouveau domaine d'intérêt de la recherche hospitalière dans le champ de la reproduction. Les articles publiés dans les revues spécialisées en endocrinologie et gynécologie entre 1980 et 2000 témoignent de ce déclin d'intérêt pour la contraception[25].

De plus, les expert·es qui restent spécialisé·es sur la contraception se focalisent principalement sur la contraception hormonale féminine et sur les hormones sexuelles, à l'instar de Rozenbaum qui se spécialise à la fin des années 1970 dans les traitements hormonaux de la ménopause. Au même moment, Pierre Mauvais-Jarvis (1929-2012), qui succède à Netter à la tête du service de gynécologie de l'hôpital Necker, développe une école scientifique centrée sur l'endocrinologie de la reproduction et l'administration de traitements progestatifs pour traiter des pathologies féminines[26]. Marquante pour l'endocrinologie et la gynécologie médicale françaises, cette école a contribué à justifier la prescription de traitements hormonaux à base

25 Alors que le terme « contraception » reste premier dans le titre de la revue *Contraception, fertilité, sexualité,* les articles sur ce sujet disparaissent au profit des questions de traitements des affections gynécologiques et des traitements de la ménopause, de l'infertilité ou des infections sexuellement transmissibles.

26 Löwy I. et Weisz G., « French hormones », *op. cit.*

de progestatifs pour soulager certains symptômes de la ménopause ou de la périménopause, ainsi que leur emploi comme contraceptif chez des femmes de plus de 40 ans. Ce domaine d'étude en pleine expansion à la fin des années 1970 et pendant les années 1980 est ainsi légitimé par le prestige de son chef de file, professeur d'université, et par les carrières médicales brillantes de ses collaborateur·ices. Qu'iels exercent ensuite à l'hôpital ou en libéral, ces expert·es en contraception sont issu·es d'une école gynécologique hospitalière qui place les hormones au cœur de la prise en charge médicale des femmes, longue tradition initiée dès les années 1930 par Netter[27].

Le prestige scientifique et médical associé au développement de thérapies hormonales contribue à renforcer le clivage, chez les praticien·nes impliqué·es dans la recherche en endocrinologie, entre des méthodes contraceptives présentant un intérêt scientifique (méthodes hormonales) et les méthodes archaïques ou sans intérêt pour la recherche (méthodes non hormonales), restreignant le choix contraceptif à des méthodes sous contrôle médical qui nécessitent des consultations régulières. Au cours de la décennie 1980 puis 1990, alors que la renommée de ces expert·es en contraception augmente par rapport aux décennies précédentes, leur intérêt pour les méthodes non hormonales décline, comme l'évoque le docteur A, gynécologue médical et

27 Löwy I. et Weisz G., « French hormones », *op. cit.*, p. 2612.

endocrinologue en cabinet de ville, formateur en gynécologie et contraception :

> Le stérilet c'est quand même pas fou sur le plan de la recherche. Un stérilet c'est un morceau de cuivre, c'est un truc, ça a été inventé par les Égyptiens avec des cailloux dans les utérus de chamelles, donc c'est quand même resté très longtemps ça, le stérilet. C'est quand même un truc assez basique, qui ne s'est pas développé. [...] Il y avait un creuset intellectuel d'endocrinologie autour de la pilule qu'on n'avait pas autour des autres méthodes. Et donc je ne vois pas ce qui pouvait intéresser un hospitalier dans le stérilet.

Ce désintérêt pour les méthodes non hormonales se traduit également par une raréfaction des articles sur ces méthodes dans les publications scientifiques. Dans la revue *Contraception, fertilité, sexualité*, les articles sur le DIU, sa prescription et ses évolutions techniques laissent place, au début des années 1990, aux articles sur les produits hormonaux, notamment les pilules dites de « nouvelles générations » (voir chapitre 3).

La vision des expert·es sur les différentes méthodes qu'iels promeuvent évolue également sur la période. Dans la littérature spécialisée sur la contraception, la prescription des œstroprogestatifs est progressivement déconseillée pour les femmes de plus de 40 ans, puis pour celles de plus de 35 ans. En effet, l'avancée des savoirs épidémiologiques met en évidence l'augmentation du risque cardiovasculaire pour les femmes de ces catégories d'âge prenant la pilule. La recommandation du DIU émerge donc comme norme pour ces femmes, le DIU devient une contraception d'arrêt. Si de nombreux·ses expert·e·s n'excluent pas à priori la recommandation du DIU, sa prescription demeure limitée aux femmes ayant déjà eu des enfants, ou aux femmes pour qui les contraceptifs oraux sont contre-indiqués, et il n'est pas considéré comme une alternative à la pilule à proposer à toutes les femmes. En ce qui concerne les méthodes barrières (diaphragmes et préservatifs), elles sont progressivement marginalisées dans les recommandations des expert·es. Outre la faible innovation consacrée à ces méthodes, qui contribue à les rendre dénuées d'intérêt scientifique, elles sont marginalisées pour leur moindre efficacité théorique par rapport aux pilules ou aux DIU. L'augmentation du recours au préservatif à partir de la fin des années 1980 et dans les années 1990 ne fait pourtant pas de cet objet une alternative à la pilule. En réalité, les deux moyens sont souvent recommandés conjointement, l'un à visée contraceptive et l'autre à visée préventive. En ce qui concerne les autres méthodes hormonales, notamment l'implant et les injections qui apparaissent dans les années 1980, elles sont marquées par une forte illégitimité auprès du corps médical français, phénomène qui perdure encore aujourd'hui. Comme l'ont bien montré les travaux d'Hélène Bretin sur les contraceptifs injectables et sur les implants, les professionnel·les de santé réservent ces contraceptifs pour des cas particuliers d'usagères, qu'iels jugent devant recevoir une contraception quasi coercitive, parce qu'iels les estiment inaptes à prendre la pilule ou dans une situation sociale trop précaire pour pouvoir le faire rigoureusement[28]. Ces produits constituent pour les médecins français·es des méthodes non de seconde, mais de troisième intention. Les techniques hormonales plus récentes, comme les anneaux ou les patchs, qui bénéficient d'une meilleure image, restent peu utilisées, car non remboursées par la Sécurité sociale.

Ces visions normatives dépendent toutefois du positionnement des expert·es vis-à-vis de l'industrie pharmaceutique. Celleux qui en sont les plus proches tendent à adopter et assumer une posture pilulocentrique : pour elleux la pilule œstroprogestative aurait une supériorité intrinsèque sur les autres méthodes et devrait être recommandée en priorité. À l'inverse, une relative distance par rapport à ces entreprises amène certain·es expert·es à plutôt considérer l'ensemble des méthodes comme une panoplie à disposition des femmes et à porter davantage attention à leur demande. De plus, la proximité avec les départements hospitaliers de gynécologie-endocrinologie et le fait d'avoir une formation poussée en endocrinologie conduit une partie des expert·es à privilégier la contraception hormonale. Une relation plus distanciée avec le monde hospitalo-universitaire peut au contraire inciter à valoriser d'autres

28 Bretin H., *Contraception : quel choix pour quelle vie ?, op. cit.* ; Bretin H., « Marginalité contraceptive et figures du féminin : une expérience de la contraception injectable hormonale en France », *Sciences sociales et santé* 22 (3), 2004, p. 87-110.

méthodes, au premier abord moins efficaces (comme les méthodes barrières), mais avant tout choisies par les femmes. C'est alors le respect du consentement des femmes et l'acceptabilité de la méthode qui sont privilégiés plutôt que son efficacité théorique ou pratique.

On observe donc l'émergence d'une norme médicale contraceptive qui accorde une place importante à la pilule, puis au DIU comme méthode relais, restreignant le choix contraceptif effectif des femmes. Cette norme est renforcée par l'existence de la gynécologie médicale, spécificité française qui contribue à la féminisation et à la médicalisation de la contraception.

La contraception, fer de lance de la gynécologie médicale… au détriment des femmes ?

Les gynécologues de ville occupent aujourd'hui en France un rôle central dans la prescription contraceptive : Nathalie Bajos et ses collègues indiquent qu'en 2000, selon les résultats de l'enquête « CoCon », 69 % des femmes sont suivies par un·e gynécologue pour leur santé sexuelle et reproductive (comprenant la contraception), 19 % par un·e généraliste, et 12 % par aucun·e médecin en particulier[29]. Des disparités sociales

29 Bajos N. *et al.*, « Les inégalités sociales d'accès à la contraception

existent dans le fait de consulter un·e gynécologue : les cadres et professions intellectuelles supérieures sont 85 % à le faire, contre 77 % des professions intermédiaires, 71 % des employées, et moins de 60 % des ouvrières et inactives. Si les généralistes jouent un certain rôle dans la prescription contraceptive, notamment en zone rurale[30], la gynécologie médicale occupe une place déterminante dans l'établissement de normes de prescription, de recommandations de bonnes pratiques professionnelles et dans la hiérarchie établie entre les méthodes contraceptives.

La gynécologie, une spécialité dominée, qui tire sa légitimité de la contraception

En France, la légitimité sociale et politique de la gynécologie autant que sa relative minorisation au sein de la profession médicale sont liées à l'importance qu'elle accorde à la prescription contraceptive. Irène Borten (née en 1929), gynécologue médicale et ancienne militante du MFPF et du MLAC, témoigne du fait que dans les années 1950, la gynécologie médicale de ville avait peu de crédit auprès de la profession médicale. Dans

en France », *op. cit.*, p. 492.

30 Sarradon-Eck A., « Voyage en médecine de campagne : le cabinet médical sous le regard de l'ethnologue », dans Bloy G. et Schweyer F.-X. (dir.), *Singuliers généralistes. Sociologie de la médecine générale*, Rennes, Presses de l'EHESP, 2010, p. 97-116.

son livre sur la gynécologie médicale, elle revient sur les raisons de son orientation vers cette spécialité :

> La médecine interne était réservée [...] à ceux et celles qui avaient réussi le prestigieux concours de l'internat, ce qui n'était pas mon cas. [...] Que restait-il ? L'air du temps chantait que la gynécologie et la pédiatrie convenaient particulièrement aux femmes. [...] Voilà comment, sans enthousiasme, « par défaut », je me retrouvai en gynécologie. En même temps, une voix en moi persiflait : « Tu n'es bonne qu'à ça ! »[31]

Développée sous l'égide de Netter[32], cette spécialité s'appuie sur le développement de l'endocrinologie et l'arrivée de nouvelles molécules hormonales dans les années 1930, qui offrent d'autres options que la chirurgie[33]. La création en 1955 du Certificat d'études spécialisées (CES) de gynécologie médicale achève l'institutionnalisation de cette spécialité, bien qu'une distinction demeure entre les médecins uniquement passé·es par le CES de gynécologie, souvent des gynécologues de ville, et les gynécologues passé·es par l'internat de médecine, qui pour la plupart évoluent au sein des institutions hospitalières et dont le prestige scientifique est lié à leur formation en endocrinologie, domaine à la pointe de la recherche médicale à l'époque. Cette dichotomie entre

31 Borten-Krivine I., *Médecin de femmes. Ce qu'entendent les gynécologues*, Paris, Albin Michel, 2004, p. 19.

32 Koechlin A., *Suivre et être suivie*, *op. cit.*

33 Löwy I. et Weisz G., « French hormones », *op. cit.*, p. 2612.

médecins renforce des dynamiques de genre, les femmes étant très largement majoritaires à faire un CES de gynécologie médicale tandis que les gynécologues médicaux hommes sont beaucoup plus souvent passés par l'internat d'obstétrique ou d'endocrinologie. Des années 1960 aux années 1980, la gynécologie est la spécialité qui connait un des taux de féminisation les plus fort[34]. Ce phénomène lui confère à la fois une légitimité sociale, confortant l'image d'une spécialité « par des femmes et pour des femmes », mais c'est aussi ce qui explique son plus faible prestige par rapport à d'autres spécialités. Les femmes, qui se sont engagées de manière croissante dans des études médicales à partir des années 1950, se sont principalement orientées vers des spécialités qui ne risquaient pas de faire concurrence directe à leurs homologues masculins, comme les disciplines libérales de ville (pédiatrie, gynécologie, dermatologie), ou vers le statut salarié (médecine du travail, centres de protection maternelle et infantile, médecine scolaire), permettant davantage de « concilier » vie de famille et vie professionnelle.

Si la prise en charge de la prescription contraceptive confère donc à la spécialité une certaine légitimité sociale au cours des années 1960 et 1970, cette activité reste toutefois considérée comme de la « petite médecine » que les grands patrons hospitaliers ne souhaitent

34 Thauront A., *Femmes médecins : démographie, activité et prescriptions en médecine libérale*, Paris, CREDOC, 1983.

pas investir et qui se développe en marge de l'obstétrique et du monde hospitalier. En effet, l'existence de cette spécialité est régulièrement contestée par les gynécologues obstétriciens, mais aussi par les pouvoirs publics. Dans un contexte de réformes visant à rationaliser le système de santé et à limiter les dépenses publiques, la gynécologie médicale est présentée comme un secteur particulièrement couteux ne s'adressant qu'à une poignée de femmes privilégiées et aux prescriptions abusives (dépistages du cancer du col trop fréquents, traitements hormonaux substitutifs de la ménopause prescrits inutilement). Le CES de gynécologie médicale est donc supprimé en 1986, suite à une réforme de l'internat de médecine[35] ; le dispositif pensé par les pouvoirs publics et appuyé par les instances représentatives de la spécialité dominées par des obstétricien·nes organise un transfert des compétences de la gynécologie médicale vers les généralistes, en introduisant dans la formation de ces derniers un stage obligatoire de six mois en gynécologie. S'ensuit une raréfaction du nombre de gynécologues médicales·aux au cours des années 1980 et 1990, qui conduit à une

35 En 1984, la réforme des études de médecine instaure la suppression progressive des CES (tous définitivement supprimés en 1991). Le CES de gynécologie médicale est supprimé en 1986 par les pouvoirs publics, et n'est pas intégré aux formations proposées au cours d'internat. À partir de 1986, pour les personnes qui souhaitent faire de la gynécologie de ville – notamment médicale –, il devient nécessaire de passer par l'internat de gynécologie-obstétrique, très orienté vers la chirurgie, ou par l'internat d'endocrinologie.

forte mobilisation politique de ce segment professionnel. Lancée en 1997 par le docteur Malvy, cette mobilisation rassemble des gynécologues qui militent pour le rétablissement de la spécialité de gynécologie médicale. Entre 1998 et 1999 la mobilisation s'intensifie et reçoit l'appui de nombreuses femmes. Elle aboutit en 2004 au rétablissement de la spécialité, au travers de l'institution du Diplôme d'études spécialisées (DES) de gynécologie médicale. L'État poursuit toutefois la délégation des prérogatives de la gynécologie médicale : une formation en gynécologie est accessible aux généralistes et les sages-femmes sont, à partir de 2009, autorisées à prescrire des méthodes contraceptives.

Dominée dans ses rapports de pouvoir avec les obstétricien·nes, la gynécologie se structure en retour autour d'une forte identité professionnelle qui repose sur des catégories de genre essentialisées[36] : très féminisée, revendiquant de proposer aux femmes une écoute physique et psychique, la gynécologie médicale incomberait ainsi de manière plus évidente aux femmes qu'aux hommes et serait mieux à même de prendre en charge les femmes que la gynécologie obstétrique. La constitution de cette identité professionnelle s'accompagne de la mise en place d'un monopole de fait sur la prescription contraceptive qui perdure jusqu'aux années 2000, même si de plus en plus de généralistes, d'obstétricien·nes,

36 Guyard L., *La médicalisation contemporaine du corps féminin : le cas de la consultation gynécologique*, thèse de doctorat, université Paris-Nanterre, 9 décembre 2008.

et plus récemment de sages-femmes, prescrivent des contraceptifs. L'enquête « Fecond 2010 » montre que les médecins – gynécologues et généralistes de ville – sont une majorité à être réticent·es à ce que la prescription de pilule soit déléguée aux sages-femmes et aux infirmières, mais que les gynécologues le sont encore plus que les généralistes. Si 68 % des généralistes sont favorables à ce que la pilule soit prescrite par des sages-femmes, une majorité de gynécologues (58 %) y sont opposé·es. De plus, les gynécologues comme les généralistes sont très majoritairement hostiles à ce que la pilule soit prescrite par des infirmières (respectivement 87 % et 77 %). Le refus de déléguer ce monopole d'expertise et de prescription peut s'expliquer en partie par des raisons financières. La médecine française étant principalement une pratique libérale fondée sur le principe du paiement à l'acte, tout·e autre professionnel·le de santé représente une concurrence économique, et ce d'autant plus dans la mesure où iels proposent des consultations moins onéreuses (avec moins de dépassement d'honoraires). La difficulté à déléguer la prescription de la pilule, et plus généralement de contraceptifs – ou même d'autres actes médicaux gynécologiques – peut également renvoyer à l'objectif de maintenir une identité professionnelle dans un contexte où le bien-fondé de la gynécologie médicale est contesté. L'affirmation de cette spécificité conduit à revendiquer une médicalisation de la contraception, qui passe par la prescription de contraceptifs oraux.

De fait, cette spécialité a peu d'équivalents dans d'autres pays en termes de rôle dans la prescription contraceptive, de niveau de féminisation, et de centralité de l'endocrinologie dans la formation et l'exercice médical. La bonne connaissance qu'ont les gynécologues français·es des molécules hormonales les amène d'ailleurs parfois à prescrire des progestatifs en cas de contre-indications aux œstroprogestatifs. En Angleterre et aux États-Unis, la prescription contraceptive est prise en charge dans le cadre de soins primaires par des médecins généralistes ou des infirmier·ères, dans des cabinets de ville ou dans des services spécialisés en santé sexuelle et reproductive, et les gynécologues jouent un rôle marginal dans ce domaine[37]. Par ailleurs, dans ces pays, la remise en cause des méthodes médicales est portée par un mouvement féministe pour la santé des femmes très critique de la profession médicale patriarcale, et la médicalisation de la contraception est perçue comme pouvant entraver l'autonomie des femmes. En Espagne, certains gynécologues ont joué un rôle dans la diffusion de la contraception orale des années 1960 aux années 1980[38], mais ce groupe professionnel n'apparait

37 Ventola C., *Prescrire, proscrire, laisser choisir, op. cit.*, p. 103 ; Watkins E. S., *On the Pill. A Social History of Oral Contraceptives, 1950-1970*, Baltimore, The John Hopkins University Press, 1998.

38 Ignaciuk A., Ortiz-Gómez T. et Rodríguez-Ocaña E., « Doctors, women, and the circulation of knowledge of oral contraceptives in Spain, 1960s-1970s », dans Ortiz-Gómez T. et Santesmases M. J. (dir.), *Gendered Drugs and Medicine. Historical and Socio-Cultural Perspectives*, Farnham, Ashgate, 2014.

pas comme l'allié des femmes, car il reste très peu féminisé et sous influence de l'Église catholique. L'Allemagne, comme la France, fait figure d'exception en la matière, puisqu'elle dispose d'une spécialité de gynécologie également très investie dans la prescription contraceptive[39]. Si la gynécologie n'y est pas aussi féminisée qu'en France, le fait que ce secteur médical exerce principalement en libéral et que l'endocrinologie soit prégnante dans la formation de ces spécialistes a sans doute joué un rôle dans les très forts taux d'utilisation de la pilule, comparables à ceux de la France. L'existence d'une industrie pharmaceutique très puissante, axée sur les hormones et très en lien avec la profession médicale contribue également à rendre la pilule si centrale dans ce pays (quoique, comme en France, cette primauté soit contestée depuis quelques années)[40].

Médicalisation et surveillance du corps des femmes

Si les interventions sur les corps des femmes ont longtemps été justifiées par la prise en charge de

39 Les gynécologues en Allemagne assurent ainsi aussi bien la prise en charge médicale et contraceptive des femmes que le suivi de grossesse, l'accouchement, et la prise en charge chirurgicale.

40 Gaudillière J.-P., « La fabrique moléculaire du genre : hormones sexuelles, industrie et médecine avant la pilule », *Cahiers du genre* 34 (1), 2003, p. 57-80 ; Gaudillière J.-P., « Hormones, régimes d'innovation et stratégies d'entreprise : les exemples de Schering et Bayer », *Entreprises et histoire* 36 (2), 2004, p. 84-102.

l'accouchement, l'expansion de la gynécologie médicale dans les années 1960 marque une nouvelle étape dans leur médicalisation. Cette spécialité, qui n'a pas d'équivalent pour les hommes, a ainsi très largement participé à leur surveillance médicale pendant une large partie de leur vie. Son développement s'inscrit d'ailleurs dans l'histoire technique et scientifique masculiniste de la pathologisation des corps des femmes[41]. Le contrôle médical qui s'exerce sur elles, qui n'est plus seulement concentré sur leurs états pathologiques (cancers, douleurs ou autres pathologies gynécologiques) ou sur leur suivi de grossesse, devient progressivement un processus inhérent à la vie des femmes à partir de leur entrée dans la sexualité jusqu'à la ménopause. Le suivi régulier en gynécologie, qui n'existait pas vraiment dans les années 1960, est devenu en moins d'une génération un objectif de santé publique : des femmes saines doivent consulter régulièrement consulter un·e professionnel·le de santé, ce que la sociologue Aurore Koechlin appelle la « norme gynécologique[42] » ; les manquements à cette obligation font l'objet d'une stigmatisation sociale. La majorité des femmes ont parfaitement intégré cette injonction,

41 Oudshoorn N., « Hormones, technique et corps. L'archéologie des hormones sexuelles (1923-1940) », *Annales. Histoire, sciences sociales* 53, 1998, p. 775-793 ; Gardey D., « Les sciences et la construction des identités sexuées. Une revue critique », *Annales. Histoire, sciences sociales* 3, 2006, p. 649-673 ; Löwy I., *L'emprise du genre. Masculinité, féminité, inégalité*, Paris, La Dispute, 2006.

42 Koechlin A., *Suivre et être suivie*, *op. cit.*

qui fait l'objet d'une transmission intergénérationnelle, les mères ayant un rôle très actif dans la socialisation de leurs filles à la consultation gynécologique[43].

Puisque la prise de contraceptifs oraux nécessite une surveillance médicale régulière du fait des risques et des contre-indications qui lui sont associées, la prescription de la pilule a permis de mettre en place une surveillance préventive des femmes en liant contraception (hormonale) et frottis. Comme Borten l'écrit, c'est donc « grâce à la contraception » que des femmes « bien portantes » sont arrivées dans les consultations de gynécologie et que celles « qui n'auraient jamais consulté de médecin ont bénéficié d'une prévention des pathologies gynécologiques », d'où l'idée que « la contraception a médicalisé les femmes »[44]. Cette surveillance s'installe dès la première prescription contraceptive et participe de la socialisation des jeunes filles à la surveillance de leur corps. Nombre de médecins déplorent ainsi que les méthodes contraceptives autres que la pilule, notamment le DIU, ne permettent pas de garantir cette surveillance, puisque les femmes ne reviennent pas aussi régulièrement dans leur cabinet[45]. Mais, cette

43 Guyard L., « Chez la gynécologue. Apprentissage des normes corporelles et sexuelles féminines », *Ethnologie française* 40 (1), 2010, p. 67-74 ; Amsellem-Mainguy Y., « Enjeux de la consultation pour la première contraception. Jeunes femmes face aux professionnels de santé », *Santé publique* 23 (2), 2011, p. 77-87 ; Fonquerne L., *(Faire) avaler la pilule, op. cit.*

44 Borten-Krivine I., *Médecin de femmes, op. cit.*, p. 29.

45 Guyard L., *La médicalisation contemporaine du corps féminin, op. cit.* ; Ruault L., « La force de l'âge du sexe faible », *op. cit.* ;

surveillance des corps des femmes, si elle permet la détection précoce de pathologies, se traduit aussi par une injonction faite aux jeunes femmes de se conformer à la norme contraceptive. Dans quelle mesure cette médicalisation contribue-t-elle à naturaliser la responsabilité contraceptive comme une compétence uniquement féminine ?

Naturalisation de la responsabilité contraceptive

Les gynécologues français·es sont pris·es dans l'ambivalence qui consiste, d'une part, à défendre la « cause des femmes » et à se rendre solidaire des mouvements féministes, et d'autre part, à risquer de s'enfermer dans une vision essentialiste qui assigne les femmes à la sphère reproductive. Nous l'avons vu, la médicalisation du corps des femmes s'est faite initialement au nom de leur droit à disposer librement de leur corps. C'est ce qui fait dire au docteur A, gynécologue médical et endocrinologue en cabinet de ville, que « la gynécologie en France a été faite pour des femmes, par des femmes, et [que] la pilule [leur] apporte quelque chose d'important [...], qui est la qualité de vie [...], la disparition des douleurs de règles, la diminution du volume des règles, l'amélioration de la peau, la diminution des carences en fer, le traitement de l'acné et du poids, et les chutes de cheveux ». Il ajoute : « Aussi

Koechlin A., *Suivre et être suivie*, *op. cit.*

bizarre que ça puisse vous paraitre, je pense que les Français ont choisi la pilule par amour des femmes. »

Toutefois, la gynécologie se structure aussi autour d'une approche différencialiste, qui considère que les femmes ont des compétences et des facultés naturellement différentes de celles des hommes, du fait de leur capacité génésique. La sociologue Lucile Ruault montre que, dans le cadre de leur travail, les gynécologues adoptent un discours sur la différence essentielle des femmes, qui contribue à présenter le corps féminin comme pathologique par essence. La rhétorique professionnelle de cette spécialité passe parfois par la valorisation d'un entre-soi féminin, qui s'appuie aussi sur cet argument différencialiste. Cette vision, en même temps qu'elle repose sur une valorisation du féminin, peut conduire à défendre que la complémentarité entre les sexes serait au fondement de la division sexuelle du travail contraceptif. En témoigne le livre publié par Fanny Kowal, une gynécologue médicale ayant participé au mouvement pour le planning familial, intitulé *Être femme : une chance !*[46] Retraçant son parcours, elle explique ainsi qu'en tant que « femmes et gynécologues, nous savions bien que donner la vie est un acte merveilleux qui comble les femmes de bonheur, à condition de concevoir quand elles se sentent prêtes à le faire dans leur parcours de vie » et affirme ensuite la nécessité de « réhabiliter le féminin positivement » :

46 Kowal F., *Être femme, une chance ! Quelle stratégie pour une vraie égalité ?* Paris, L'Harmattan, 2015.

> Femmes, non complexées, nous n'envions pas les hommes. [...] Ils sont nos pères, nos hommes, nos fils, nous les aimons, mais *nous voulons être reconnues comme égales, et différentes*. [...] nous sommes des êtres sexués, mâles et femelles, et c'est dans la rencontre, même éphémère, qui tente de combler tous nos manques, en quête de l'unité perdue que nous espérons nous retrouver un jour. [...] Quel sens donner à ce mot : devenir une femme. Sans doute de différentes façons, mais une manière me semble universelle car physiologique qui passe autant par le corps que dans l'esprit : c'est la rencontre amoureuse réussie qui fait accéder les femmes à leur féminité. [...] Enfin ce qui accomplira la femme dans sa physiologie programmée, c'est la grossesse et l'enfantement qui adviendra idéalement au moment qu'elle aura choisi, grâce à une bonne contraception, fruit désiré de l'Amour donné, et partagé[47].

Certaines gynécologues ayant participé à diffuser la pilule avaient donc pour principal combat de garantir l'équilibre du couple hétérosexuel en promouvant une complémentarité entre les sexes. Cette posture essentialiste fait directement écho au féminisme différencialiste qui s'est développé dans les années 1970 en France sous l'égide d'Antoinette Fouque[48], et qui a profondément puisé dans le courant psychanalytique de l'époque. Tout

47 *Ibid.*, p. 11-13 et p. 23-25.

48 Picq F., *Libération des femmes, quarante ans de mouvement*, Brest, Éditions dialogues, 2011 ; Idels M. *et al.*, *MLF, psychanalyse et politique. 1968-2018 : 50 ans de libération des femmes*, t. I, *Les premières années*, Paris, Éditions des femmes, 2018.

en revendiquant le contrôle de la contraception par les femmes, cette ambivalence entre féminisme et essentialisation du féminin conduit à présenter la contraception comme une « affaire de femmes ». L'offre contraceptive offerte par des femmes pour des femmes entérine un dispositif qui les pousse à assumer la responsabilité contraceptive au sein du couple tout en présentant cette socialisation comme une compétence naturelle. Même pour un objet perçu comme masculin, le préservatif, ce sont les femmes qui sont chargées d'y penser, tant pour la prévention des infections sexuellement transmissibles que pour la contraception[49].

La consultation gynécologique est aussi le lieu de nombreux rappels à l'ordre de la féminité : les femmes se voient disqualifiées lorsqu'elles s'écartent des normes sociales afférentes à leur appartenance de genre, notamment concernant le souhait ou non d'avoir des enfants, la temporalité des grossesses éventuelles, leur sexualité (supposée hétérosexuelle et orientée vers le coït), et elles subissent bien souvent des injonctions grossophobes ou agistes (remarques sur le poids et incitations à entretenir un corps jeune, tonique, et désirable)[50]. Par ces sommations, la gynécologie médicale contribue à

49 Thomé C., « D'un objet d'hommes à une responsabilité de femmes : entre sexualité, santé et genre, analyser la métamorphose du préservatif masculin », *Sociétés contemporaines* 104 (4), 2016, p. 67-94.

50 Guyard L., *La médicalisation contemporaine du corps féminin, op. cit*; Fonquerne L., « "C'est pas la pilule qui ouvre la porte du frigo !". Violences médicales et gynécologiques en consultation de contraception », *Santé publique* 33 (5), 2021, p. 663 673.

exercer un contrôle social sur le corps des femmes, une « surveillance douce », voire à susciter un autocontrôle de la part de femmes invitées à intérioriser ces normes[51]. Ces injonctions passent par l'incitation à recourir à des traitements hormonaux, que ce soient les traitements substitutifs de la ménopause ou les pilules de nouvelles générations, vantées pour leurs effets bénéfiques non contraceptifs (amélioration de la peau, réduction du volume des règles).

Si la pilule est devenue progressivement centrale pour les expert·es militant·es comme pour la gynécologie médicale, comment ces normes en matière de prescription contraceptive sont-elles transmises à l'ensemble des prescripteur·ices ?

De la formation à la pratique médicale : le pilulocentrisme français de la prescription

Une formation lacunaire et centrée sur la pilule

En France, la prescription contraceptive est principalement le fait des médecins généralistes et des gynécologues. Dans le *Baromètre santé 2016,* la méthode

51 Ruault L., « La force de l'âge du sexe faible », *op. cit.* ; Koechlin A., *Suivre et être suivie, op. cit.* ; Fonquerne L., *(Faire) avaler la pilule, op. cit.*

contraceptive médicale utilisée par les femmes de l'enquête a été prescrite dans 71 % des cas par un·e gynécologue, dans 22 % des cas par un·e généraliste et dans 5 % des cas par un·e sage-femme. Le recours aux gynécologues a même augmenté entre 2010 et 2016[52]. Selon l'enquête « CoCon », le Planning familial, primordial dans la diffusion de l'information contraceptive dans les années 1960, occupe dès 2002 une place très marginale dans les processus contraceptifs, puisque seulement 3 % des femmes choisissent leur première méthode sur les conseils du Planning et 1 % leur méthode actuelle. La prescription contraceptive reste jusqu'en 2006 uniquement confiée aux médecins, à l'exception des Planning familiaux qui ont aussi le droit de s'en charger, et des infirmier·ières scolaires, habilité·es depuis 2001 à délivrer la pilule du lendemain.

Si les gynécologues jouent un rôle prépondérant dans la prescription contraceptive, les généralistes occupent également une place non négligeable. Conseiller et prescrire une contraception constitue toutefois un type particulier de consultation, puisque qu'il ne s'agit pas de traiter une maladie. Cela bouleverse le cadre de prescription habituel où les médecins imposent un traitement et les patient·es s'exécutent. Lors de la consultation en contraception, il n'y a ni patiente en demande de soin

52 Le Guen M. *et al.*, « La "crise des pilules" en France : les femmes ont-elles davantage consulté un·e gynécologue afin d'accéder plus facilement au DIU ? », *Revue d'épidémiologie et de santé publique* 68 (6), 2020, p. 347-355.

ni maladie à guérir, mais des personnes à priori saines qui demandent des informations pour leur contraception. Il s'agit d'un mode relationnel inhabituel où les médecins sont en position de conseiller·ères face à des consultantes en demande de contraception et à qui le·a médecin n'a pas à imposer ses préférences ni ses représentations[53]. Les recherches et recommandations en santé publique affirment qu'une méthode est d'autant plus efficace qu'elle a été choisie par la personne qui l'utilise et qu'elle est en adéquation avec ses préférences et son mode de vie[54]. Quelle place occupe alors la liberté de choix dans la formation des médecins en contraception ? Comment cette formation se traduit-elle dans les pratiques et les représentations professionnelles ?

La formation des médecins se fait en plusieurs moments et par le biais de diverses instances. D'abord, la formation initiale comprend un enseignement universitaire, puis un parcours hospitalier au cours de la spécialisation, durant l'internat ou le diplôme d'études spécialisées. En France, la contraception est enseignée en gynécologie-obstétrique et ne constitue

53 Gelly M., *Avortement et contraception dans les études médicales. Une formation inadaptée*, Paris, L'Harmattan, 2006.

54 Bajos N., Ferrand M. et l'équipe Giné, *De la contraception à l'avortement*, *op. cit.* ; INPES, « La meilleure contraception, c'est celle que l'on choisit », dossier de presse, ministère de la Santé, de la Jeunesse et des Sports, 11 septembre 2007. En ligne : <http://www.inpes.sante.fr/70000/dp/07/dp070911.pdf>, consulté le 15 octobre 2019 ; OMS, *Une sélection de recommandations pratiques relatives à l'utilisation de méthodes contraceptives*, Genève, OMS, 2005.

pas un domaine médical à part entière. La formation médicale est ainsi faite par imprégnation de l'environnement social et professionnel dans lequel évoluent les futur·es médecins : en plus des cours à la faculté, de la préparation de l'internat, des stages hospitaliers et des lectures personnelles, les médias, les ressources culturelles personnelles et familiales ou encore l'expérience personnelle qu'ont les étudiant·es en tant qu'usager·ères du système de santé et de la mise en œuvre d'une contraception participent de leur apprentissage des normes médicales[55]. Vient ensuite la formation continue, lorsque les médecins sont déjà en exercice. Elle doit leur permettre d'actualiser leurs savoirs ou d'étendre leurs champs de compétences. Elle se nourrit des cours dispensés par des organismes de formation dédiés, mais également des réunions médicales scientifiques, des congrès médicaux, ou encore des recommandations cliniques de bonnes pratiques élaborées à l'échelle nationale ou internationale. Les revues médicales générales et spécialisées apportent des informations médicales et scientifiques actualisées aux médecins sur les différentes méthodes et modalités de prescription. Enfin, une partie de la mise à jour des connaissances médicales est dispensée par les industries pharmaceutiques, par le biais des visites médicales des commerciales·aux envoyé·es auprès des médecins

55 Gelly M., *Avortement et contraception dans les études médicales*, *op. cit.*, p. 45.

pour promouvoir tel ou tel produit ou de publicités dans les revues médicales, ainsi que par l'édition de brochures sur les nouveaux produits et par le financement de congrès médicaux. Cette dernière partie de la formation des médecins n'est pas sans poser un certain nombre de problèmes, notamment des conflits d'intérêts entre les logiques commerciales et économiques portées par les firmes et les impératifs médicaux et de santé publique incombant aux médecins (chapitre 3).

La formation à la contraception contribue à définir des normes de prescription censées se fonder sur les résultats de l'*evidence-based medicine* et sur les recommandations de bonnes pratiques élaborées en santé publique, mais dans la réalité, elles sont parfois ignorées. En effet, les logiques de prescription sont aussi déterminées par les représentations profanes des médecins[56], et par leurs capacités propres à mettre en œuvre leurs recommandations. Il est courant qu'un·e médecin ne sachant pas poser de DIU, par exemple, ait des réticences à le conseiller.

Cette dimension plus aléatoire de la prescription est notamment due au fait que l'obligation de formation des médecins est peu contrôlée. La loi Neuwirth ne prévoit par exemple aucune obligation de formation en matière contraceptive[57]. De 1967 à 1980, les facultés

56 Roux A., Ventola C. et Bajos N., « Des experts aux logiques profanes : les prescripteurs de contraception en France », *Sciences sociales et santé* 35 (3), 2017, p. 41-70.

57 À l'inverse, le personnel des centres « d'information, de consultation ou de conseil familial » voient leurs conditions d'exercice très tôt

de médecine peuvent donc proposer un enseignement sur la contraception, mais n'en ont pas le devoir. La formation des médecins sur le sujet a principalement lieu au cours de leur vie professionnelle, et ce, uniquement pour celleux qui en font la démarche. Elle ne concerne donc pas l'ensemble du corps médical, alors que tous·tes les médecins sont habilité·es à prescrire des contraceptifs. Le premier cours de contraception organisé de façon officielle dans un cadre hospitalier a eu lieu du 4 au 8 novembre 1968 à l'hôpital Broca[58]. Cet enseignement propose une vision assez large de la contraception, comme une panoplie de méthodes et de techniques ayant des avantages et des inconvénients, à destination des femmes et des couples. Selon Palmer et Kahn-Nathan, qui interviennent dans ce cours, aucune méthode de contraception en circulation n'est idéale ; les contraceptifs oraux ne sont pas toujours complètement efficaces ni bien tolérés, et le DIU ne peut s'appliquer « qu'à une femme en parfait état gynécologique et ne désirant plus avoir d'enfant ».

Ce n'est que dans la loi du 31 décembre 1979 relative à l'interruption de grossesse (qui entérine la loi Veil de 1975) qu'est stipulée pour la première fois une

régulées, avec une obligation de formation formulée dès 1972 (décret du 2 décembre 1972), et répétée à deux reprises (décret du 7 octobre 1976, décret du 1er octobre 1977).

58 Krulik D., « Hôpital Broca – novembre 1968 – Journées de contraception », *Fertilité, orthogénie*, janvier 1969, Centre d'archives du féminisme, Fonds Pierre Simon, 17 AF 21.

obligation de formation des médecins sur la contraception[59]. Un cours de préparation à l'internat[60], dispensé en 1985 à l'hôpital Broca, permet de voir comment se traduit en pratique cette exigence. Structuré en deux chapitres (l'un sur les contraceptifs oraux, l'autre sur les DIU), ce cours consacre une place de premier choix à la pilule dans le dispositif de prescription. La pilule est préconisée en première intention et le DIU en seconde intention, car il est décrit comme comportant plus de complications et nécessitant davantage de précautions. La contraception se résume ici à ces deux méthodes, dont on ne considère que l'efficacité théorique, et la consultation en contraception se limite à déceler les contre-indications éventuelles à leur prescription. Le chapitre sur les contraceptifs oraux est centré sur la description pharmacologique des différentes pilules œstroprogestatives et progestatives et renseigne sur les indications et contre-indications de ces différents produits, tout en définissant les contours du « profil idéal de l'utilisatrice des œstroprogestatifs » : pas d'antécédents, entre 18 et 40 ans, non fumeuse, pas d'obésité ni d'hypertension artérielle, d'hérédité cardiovasculaire, d'atteinte hépatique, de tumeur du

59 Loi n° 79-1204 du 31 décembre 1979 relative à l'interruption volontaire de la grossesse, article 2 : « Il est ajouté à l'article 13 de la loi n° 75-17 du 17 janvier 1975 un deuxième alinéa ainsi rédigé : La formation initiale et la formation permanente des médecins, des sages-femmes, ainsi que des infirmiers et infirmières comprennent un enseignement sur la contraception. »

60 Fernandez H., *Gynécologie obstétrique III. Enseignement en trois volumes*, Asnières, Indigo éditeur, 1986.

sein ou génitale. Passé 40 ans, explique le manuel, les DIU et la contraception mécanique « représentent une alternative préférentielle à la contraception orale, car c'est la période de risque maximal pour les accidents graves des œstroprogestatifs, en particulier thrombo-emboliques[61] ». Le chapitre sur les DIU prend le temps d'évoquer le cadre juridique de prescription, avant de rappeler que cette méthode est avant tout une « alternative à la contraception hormonale chez les multipares, ou [doit faire] suite à une contre-indication temporaire des œstroprogestatifs [...] Chez les nullipares, l'indication du stérilet doit rester exceptionnelle et réservée essentiellement aux contre-indications des autres méthodes contraceptives[62] ».

L'analyse des annales du concours de l'internat de médecine entre 1980 et 2000[63] confirme cette vision de la contraception. Outre l'hégémonie de la pilule dans les questions portant sur la contraception[64], les corrigés

61 Fernandez H., *Gynécologie obstétrique III, op. cit.*, p. 20-22.

62 *Ibid.*, p. 30.

63 Colonna P. et Barrès G., *Annales officielles par spécialité corrigées et commentées : internats 1985-1986-1987*, t II, *Endocrinologie-métabolisme ; génétique ; gynécologie-obstétrique ; hématologie*, Paris, La revue d'éducation médicale, 1988 ; Gavard L., *Annales de l'internat 1988-2000 : gynécologie, obstétrique*, Paris, Med-Line, 2000 ; Bajer B. et Khazraï A., *50 dossiers préparation internat : avec iconographie et grille de réponses*, Paris, ESTEM, 1997.

64 Dans les annales de 1985 à 1987, 28 sur 208 questions à choix multiples de gynécologie-obstétrique portent sur la contraception, dont 20 sur les contraceptifs oraux traitant quasi exclusivement de leurs indications et contre-indications ou de leur composition. Les cinq questions sur les DIU portent uniquement sur les contre-indications ou pathologies induites par cette méthode. Trois questions traitent de la contraception

proposés aux étudiant·es présentent uniquement les contraceptifs oraux et les DIU comme fiables, dessinant une frontière entre méthodes que les médecins conseiller recommander, et techniques non recommandables car trop peu sures. Ces préconisations font fi de l'efficacité pratique des méthodes et des préférences des personnes qui consultent pour une contraception. Les autres moyens de contraception ne sont envisagés qu'en cas de contre-indication.

Les cas cliniques proposés aux étudiant·es, qui permettent d'évaluer leurs connaissances en contexte de consultation, dévoilent à quel point une représentation pilulocentrée de la contraception restreint le choix des usagères et reconduit un paternalisme dans la relation médicale. Un premier cas décrit une jeune femme de 17 ans qui veut une prescription de pilule. Les questions posées aux étudiant·es portent sur l'efficacité théorique des méthodes, les contre-indications de la pilule, les examens préalables à sa prescription ; il leur est demandé de préciser quel type de pilule prescrire en donnant des noms de marques. Rien n'est dit de la contraception d'urgence, ce qui invite à penser que ce sujet ne fait pas partie de la consultation pour

de manière plus générale : une sur l'information obligatoire dans les suites d'une IVG, une deuxième sur la contraception à prescrire en cas de contre-indications conjointes de la pilule et du DIU. Même constat de 1988 à 2000 : 19 des 26 questions sur la contraception portent sur les contraceptifs oraux et les sept autres questions sur les dispositifs intra-utérins (6) et sur la contraception d'urgence (1), en se focalisant sur des aspects techniques et pharmacologiques ou légaux.

une (première) demande de contraception orale, et aucune autre méthode contraceptive n'est évoquée. Le corrigé propose des marques de pilules à recommander : toutes sont des pilules de 3e génération non remboursées par la Sécurité sociale, ce qui laisse entendre que les conditions d'accès au produit ne sont pas pertinentes à prendre en compte lors d'une consultation en contraception, quand bien même l'âge de la consultante (17 ans) suggère qu'elle ne dispose pas de ressources financières propres. Un deuxième cas clinique présente une femme de 31 ans mère de quatre enfants, qui consulte pour renouveler sa pilule. La patiente étant sans antécédent mais fumeuse, le corrigé indique qu'il faut refuser sa demande de pilule et lui prescrire un DIU. Aucune information n'est donnée sur le déroulé de la négociation ni sur la place laissée au choix de la consultante. L'exercice continue ainsi : la pose du DIU s'est passée sans problème, mais « *malgré vos bons conseils*, la patiente ne se fait pas suivre, et reconsulte un an plus tard en raison de la disparition (récente d'après elle) des fils » ; le DIU a migré dans l'abdomen et perforé la muqueuse de l'utérus, ce qui suppose que une opération pour l'enlever. Dans un langage empreint de paternalisme (le ou la médecin « autorise » ou non telle ou telle méthode et est seul·e à décider du cours de la consultation et de la méthode prescrite), ce cas clinique laisse pourtant entrevoir une possibilité de désobéissance et une marge de manœuvre pour l'usagère : elle ne revient pas pour le suivi de son DIU comme demandé par le ou la médecin. La suite suggère toutefois que sa déviance par rapport à la norme médicale est sévèrement punie par des douleurs et des complications, qui entrainent une opération.

Ces diverses annales proposent une approche de la consultation en contraception très conforme au modèle habituel de prescription, où le ou la médecin est seul·e décisionnaire de la méthode employée et où la consultante doit se contenter de suivre le traitement qui lui est ordonné, sans que ses préférences ne soient prises en compte. Le DIU apparait très souvent, voire principalement, sous le jour des complications qu'il provoque, et il est défini comme la contraception de choix en cas de contre-indications de la pilule, notamment chez des femmes ayant plusieurs enfants ou âgées de plus de 40 ans. Une frontière est très clairement établie pour séparer les contraceptifs oraux et le DIU des autres méthodes, jugées trop peu efficaces du seul point de vue de l'efficacité théorique. Les techniques de stérilisation contraceptive féminine et masculine ne sont pas abordées dans ces annales (en cohérence avec le fait qu'elles ne sont réglementées qu'à partir de 2001). La contraception d'urgence l'est très peu. Les questions du contexte de prescription, de l'interaction médicale lors de la consultation, des choix de la patiente et des spécificités de la consultation en contraception sont complètement évacuées à ce stade de l'apprentissage, ce qui reconduit l'aspect paternaliste de la consultation médicale. Enfin, les questions d'avortement sont toujours strictement séparées des questions contraceptives, suggérant une différence fondamentale entre les deux plutôt qu'un continuum de techniques permettant de réguler sa fécondité. Le reste de la formation initiale en contraception, principalement destiné aux personnes qui se spécialisent en gynécologie, offre théoriquement l'opportunité de réaliser des stages dans des consultations de contraception à l'hôpital, en cabinet, ou au Planning familial. L'enquête de Maud Gelly auprès de futur·es médecins montre toutefois que dans les faits, la plupart d'entre elleux réalisent leur stage de gynécologie aux urgences ou dans des consultations d'infertilité et sont très peu initié·es à la prise en charge contraceptive[65].

La formation continue en contraception pourrait venir compléter un cursus initial lacunaire, en particulier pour les médecins amené·es à prendre en charge la contraception dans leur pratique. Or, elle est très inégalement dispensée aux prescripteur·ices[66]. Le système de formation continue français, peu encadré et peu

65 Gelly M., *Avortement et contraception dans les études médicales*, *op. cit.*

66 Selon l'enquête « Fecond 2010 », la plupart des médecins gynécologues et généralistes prescrivent des contraceptifs et la majorité d'entre elleux considèrent que leur formation les a bien préparé·es à la prescription contraceptive. Pourtant, seulement 6 % des généralistes de l'enquête ont reçu une formation initiale en gynécologie-obstétrique et 5 % en prise en charge de l'IVG et de la contraception, et la moitié seulement a suivi une formation continue en contraception au cours des trois années précédant l'enquête. Voir Roux A., Ventola C. et Bajos N., « Des experts aux logiques profanes », *op. cit.*

adossé aux objectifs de santé publique[67], est également peu contraignant pour les médecins, qui sont libres de se perfectionner dans les domaines de leur choix, sans contrôle de contenu ni adéquation avec les sujets où iels sont le moins à jour. Une majorité des prescripteur·ices exerce de plus en libéral, de manière isolée, ce qui rend difficile la spécialisation ou la mise à jour des connaissances dans l'ensemble des domaines d'exercice[68]. La lecture de revues spécialisées et de la littérature scientifique est toutefois un élément important de la formation des spécialistes, ce qui accentue le clivage entre gynécologues et généralistes en matière de prescription contraceptive. Dans ce contexte, les personnes qui consultent pour leur contraception peuvent se retrouver face à des professionnel·les ayant des niveaux très variables de formation. Ce vide en matière de perfectionnement et actualisation des connaissances dans le domaine de la contraception laisse le champ libre aux industries pharmaceutiques (chapitre 3).

Pourtant, en France, à partir de 2004, la Haute autorité de santé (HAS) préconise de créer les conditions

67 VENTOLA C., *Prescrire, proscrire, laisser choisir*, *op. cit.*

68 À l'inverse, le système anglais impose par exemple d'être formé·e à la prise en charge contraceptive pour pouvoir effectivement réaliser des consultations dans ce domaine, distinct des soins de routine et supposant des compétences spécifiques. Le renouvellement des licences d'exercice, tous les cinq ans, est conditionné au suivi de formations dédiées et conformes aux recommandations de santé publique. Les personnes qui consultent pour leur contraception ont donc affaire à des personnes formées spécifiquement et dont les connaissances dans le domaine sont régulièrement mises à jour.

d'un choix informé chez les personnes qui consultent pour une contraception[69]. Cet avis fait suite à la publication des résultats d'une enquête sociologique mettant en évidence l'importance du choix des usagères dans l'efficacité réelle des méthodes contraceptives, qui a débouché sur une saisine du ministère de la Santé. Le choix informé passe par la présentation de l'ensemble des méthodes lors des consultations pour contraception, y compris des méthodes définitives. La HAS recommande également l'utilisation du DIU en première intention, y compris chez les femmes nullipares, et distingue entre efficacité théorique et efficacité pratique des méthodes, plaçant la pilule contraceptive au rang des techniques moins efficaces en pratique que les méthodes long cours. Cependant, les pilules œstroprogestatives demeurent préconisées en première intention chez les femmes ne présentant pas de contre-indication. Ces recommandations sont approfondies en 2009 par un rapport de l'Inspection générale des affaires sociales sur la prévention des grossesses non désirées et font écho aux bonnes pratiques médicales conseillées par l'OMS[70]. On

69 HAS, *Stratégies de choix des méthodes contraceptives chez la femme. Recommandations pour la pratique clinique*, Paris, ANAES, 2004. En ligne : <https://ireps-ors-paysdelaloire.centredoc.fr/index.php?lvl=notice_display&id=10924>, consulté le 25 avril 2019. La HAS se nommait à l'époque de l'Agence nationale d'accréditation et d'évaluation en santé (ANAES).

70 Aubin C., Jourdain Menninger D. et Chambaud L., « La prévention des grossesses non désirées. Information, éducation et communication », rapport au nom de l'Inspection générale des affaires sociales (IGAS), 2009 ; OMS, *Une sélection de recommandations pratiques relatives à l'utilisation de méthodes*

y retrouve la rhétorique du choix contraceptif, qui était déjà prôné par les premier·ères militant·es du MFPF et réaffirmé par la campagne d'Yvette Roudy en 1981-1982, puis entériné par une campagne de l'INPES en 2007 selon laquelle « la meilleure contraception, c'est celle que l'on choisit ». Cette approche est cependant peu intégrée à la formation universitaire des médecins : les normes de prescription focalisées sur la contraception orale et le DIU en second recours laissent peu de place à une consultation de conseil susceptible de créer les conditions d'un choix informé.

Des logiques de prescription centrées sur la pilule

La hiérarchisation des méthodes recommandées en consultation

Dès la fin des années 1970, toutes les méthodes ne sont donc pas équitablement proposées en consultation. L'enquête « Stérilet 1977[71] » permet de voir que si la pilule est de loin la plus recommandée et fait déjà

contraceptives, *op. cit.* ; OMS, *Critères de recevabilité pour l'adoption et l'utilisation continue de méthodes contraceptives : guide essentiel OMS de planification familiale*, Genève, OMS, 2013.

71 Réalisée en 1977 par le service de maternité de l'hôpital Boucicaut et financée par le ministère de la Santé et de la Sécurité sociale, sur proposition du Conseil supérieur de l'information sexuelle, de la régulation des naissances et de l'éducation familiale, cette enquête investiguait les raisons pour lesquelles le DIU n'était pas davantage utilisé en France à l'époque, notamment par rapport à la pilule, alors qu'il présente de nombreux avantages (efficacité similaire et moindres problèmes d'observance). L'enquête nationale, réalisée par voie postale auprès de médecins tiré·es aléatoirement dans les listes du Guide Rosenwald (annuaire des médecins en France), a permis de recueillir les réponses de 400 généralistes et de 280 gynécologues.

partie des prescriptions courantes des généralistes comme des gynécologues[72], seul·es ces dernier·ères proposent régulièrement le DIU[73], tandis que les autres méthodes sont nettement moins préconisées en consultation[74]. Le DIU apparait déjà comme la méthode de seconde intention : il est le plus volontiers prescrit en cas de contre-indication de la pilule, très loin devant les autres méthodes, par les généralistes comme les gynécologues[75]. Trois décennies plus tard, on retrouve un mode de prescription similaire. Dans l'enquête « Fecond 2010 », quasi tous·tes les médecins

72 Les généralistes sont 28 % à la prescrire au moins une fois par jour et 39 % au moins une fois par semaine. Les gynécologues sont 75 % à la proposer quotidiennement et 20 % au moins une fois par semaine.

73 Pour le DIU, les généralistes adressent plus souvent leur patiente à un confrère ou une consœur (42 % des cas), et ne le prescrivent que peu elleux-mêmes (30 %), contrairement à la pilule qui est prescrite par le ou la médecin dans 81 % des cas.

74 Si les contraceptions orale et intra-utérine sont prescrites par plus de 9 médecins sur 10, le préservatif masculin et le diaphragme avec spermicides sont recommandés par une minorité de généralistes, bien qu'ils le soient par une majorité de gynécologue. La méthode des températures est abordée par 1 généraliste sur 5 et par presque la moitié des gynécologues, soit nettement plus que le coït interrompu ou que les méthodes définitives, recommandées par moins de 10 % des professionnel·les.

75 Les raisons principales invoquées par les gynécologues pour prescrire le DIU sont : une contre-indication de la pilule (89 %), une réticence des femmes envers la pilule ou pour des femmes jugées incapables d'observance (73 % les deux cas), chaque fois que la méthode est demandée sauf contre-indication (61 %), pour relayer la pilule après une certaine durée d'utilisation (54 %), et dans un tiers des cas chez une femme ne désirant plus d'enfant. Les généralistes sont 84 % à le prescrire en cas de contre-indication de la pilule, et un peu plus de la moitié en cas de réticence de la femme envers la pilule, ou chez les femmes perçues comme incapables d'observance.

préconisent souvent les pilules de 2e et de 3e générations, les DIU sont plus fréquemment proposés par les gynécologues que par les généralistes, et les autres méthodes (implant, préservatif masculin) sont recommandées plus occasionnellement. Les méthodes naturelles apparaissent beaucoup moins pertinentes qu'en 1977 (78 % des généralistes et 66 % des gynécologues ne les conseillent jamais) et les techniques de stérilisation sont inégalement recommandées : si la stérilisation tubaire est fréquemment recommandée par les gynécologues (68 % déclarent la recommander souvent ou parfois), elle l'est beaucoup moins par les généralistes (20 % la recommandent souvent ou parfois). Quant à la vasectomie, elle n'est recommandée (souvent ou parfois) que par 34 % des gynécologues et par 9 % des généralistes. La majorité des médecins hiérarchisent donc les différentes méthodes proposées en consultation. Les personnes qui consultent pour une contraception font face à une très grande variabilité des pratiques en fonction des professionnel·les. En effet, à part la pilule qui est conseillée par l'ensemble des prescripteur·ices, le DIU par l'ensemble des gynécologues, et les méthodes naturelles qui sont unanimement rejetées, les autres techniques sont mentionnées de manière très diverse par les médecins, ce qui reflète l'hétérogénéité de leur formation.

Cette hiérarchisation est aussi liée à leurs représentations des différentes méthodes, de leur commodité et de leur efficacité, qui sont elles-mêmes liées aux évolutions sociales. Le diaphragme, tombé en désuétude au cours des années 1980, disparait des recommandations des médecins quelques décennies plus tard. Le préservatif, d'abord mal vu des professionnel·les, revient sur le devant de la scène à partir de la fin des années 1980, dans le contexte de la lutte contre l'épidémie de VIH-sida. Également disqualifiées dans les représentations médicales, les méthodes définitives font l'objet de préconisations variables, qui ne renvoient pas seulement à une logique d'efficacité ou de simplicité de la méthode : la vasectomie n'est quasiment jamais proposée, bien qu'elle constitue une intervention moins lourde et moins couteuse que la stérilisation tubaire, pourtant plus fréquemment conseillée : cela reflète donc directement des biais de genre des praticien·nes français·es dans l'appréhension de la contraception[76].

Le DIU, dont le mode d'action est mal connu dans les années 1960, demeure une méthode ambivalente pour de nombreux·ses médecins : la mise à disposition au début des années 1970 du DIU en plastique a entériné l'idée qu'il serait moins efficace qu'une contraception orale, et cette représentation perdure malgré l'arrivée sur le marché de dispositifs en cuivre, d'efficacité théorique comparable aux méthodes hormonales et ne posant pas de problèmes d'observance. Pour plusieurs expert·es,

76 Ventola C., « Le genre de la contraception : représentations et pratiques des prescripteurs en France et en Angleterre », *Cahiers du genre* 60, 2016, p. 101-122.

dans les représentations médicales, le DIU renvoie à l'idée de stérilité, du fait de son nom courant, « stérilet », mais surtout en raison d'un risque supposé d'infection utérine lié à la communication entre la zone vaginale et la zone utérine au moment de la pose (et davantage lorsque les DIU ont des fils ou une partie qui dépasse légèrement du col de l'utérus pour en faciliter le retrait). Or, comme le montrent les enquêtes épidémiologiques anglo-saxonnes et les recommandations nationales et internationales sur le DIU, ce risque d'infection est en fait très largement surestimé par les praticien·nes, et quasiment inexistant lorsque celleux-ci dépistent d'éventuelles infections avant la pose du dispositif. Cette crainte est elle-même associée à l'idée qu'il ne faut pas poser des DIU à des nullipares de peur de les rendre stériles, sans que cette contre-indication ait jamais été étayée scientifiquement. Ces réticences des médecins à l'égard du DIU perdurent encore aujourd'hui, puisqu'une très large majorité de prescripteur·ices considèrent qu'il est contre-indiqué chez les nullipares (84 % des généralistes et 69 % des gynécologues) et une part non négligeable pensent qu'il induit un risque élevé d'infection pelvienne (42 % des généralistes et 28 % des gynécologues)[77]. Près de deux tiers des médecins estiment que cette méthode n'est pas la contraception réversible la plus efficace.

77 Roux A., Ventola C. et Bajos N., « Des experts aux logiques profanes », *op. cit.*

Niveau de formation des médecins et prescription contraceptive

Pourtant la panoplie de méthodes proposées par les médecins est d'autant plus variée qu'iels ont suivi des formations dédiées à la contraception. Les médecins les moins bien formé·es partagent des savoirs profanes sur les méthodes au long cours qui vont à l'encontre des études sur l'efficacité contraceptive ; iels considèrent par exemple que le DIU n'est pas la méthode réversible la plus efficace et l'associent à un risque élevé d'infection pelvienne. Si ces médecins se déclarent peu à l'aise pour aborder avec leurs patientes les problèmes associés aux contraceptifs (intolérance au DIU, effets secondaires de la pilule, IVG, grossesses non prévues), leur absence de formation spécifique se traduit surtout par les représentations négatives qu'ils se font des méthodes définitives, tenues pour inutiles. Les grossesses non prévues sont renvoyées à des enjeux psychologiques (insouciance à l'égard du risque de grossesse, ambivalence des femmes face au désir d'enfant) plus qu'à des difficultés techniques (échecs de DIU, de préservatifs ou de méthodes naturelles, difficultés d'observance de la contraception), ce qui permet d'occulter la responsabilité professionnelle dans la prescription adéquate d'une méthode à une utilisatrice. L'importance des aprioris dans la sélection des méthodes contraceptives à recommander suggère que la prise en compte des attentes et des contraintes des consultantes n'est pas au cœur de la pratique des médecins les moins bien formé·es. À l'inverse, les médecins qui proposent une plus grande diversité de méthodes ont suivi plusieurs formations récentes sur la contraception, connaissent les rapports des autorités de santé sur le sujet et disent lire régulièrement des revues médicales. Ces médecins formé·es en santé sexuelle sont celleux qui se sentent le plus à l'aise pour aborder toutes les thématiques contraceptives, qui attribuent les grossesses non prévues à des erreurs techniques plutôt qu'à des défaillances psychologiques, et qui ne jugent pas le DIU ni les méthodes de stérilisation dangereuses ou inutiles.

Nous l'avons vu, c'est l'hétérogénéité de la formation contraceptive qui laisse le champ libre à la subjectivité des praticien·nes : les caractéristiques personnelles et l'expérience contraceptive – en tant qu'usager·ères – des médecins sont alors d'autant plus susceptibles d'orienter leurs pratiques. Le sexe du médecin constitue un autre facteur social déterminant : recommander peu de méthodes est davantage le fait des hommes. Ce constat fait écho à l'attribution traditionnelle des responsabilités contraceptives au sein du couple et à la croyance en une expertise féminine en matière de santé reproductive qui serait naturelle. L'expérience personnelle en matière contraceptive s'illustre par le fait que les médecins prescrivent en priorité des méthodes qu'iels ont personnellement utilisées[78].

78 Roux A., Ventola C. et Bajos N., « Des experts aux logiques profanes », *op. cit.*, p. 61.

Des logiques de prescription discriminantes

Depuis l'article fondateur (et toujours d'actualité) du sociologue Luc Boltanski sur les usages sociaux du corps[79], de nombreux travaux en sociologie de la santé ont montré que le déroulé de la consultation médicale varie selon les caractéristiques des patient·es, ce qui pose des questions d'équité dans la délivrance des soins. Dans le cas de la prescription contraceptive, Ruault montre que les gynécologues dispensent une information sur les méthodes qui varie grandement selon l'âge et le nombre d'enfants des femmes qui les consultent[80]. Elle décrit la « douce pédagogie » employée par les médecins pour présenter le DIU à des femmes jeunes sans enfants comme une technique douloureuse lors de la pose, mal tolérée et d'une efficacité variable, alors qu'il est vanté comme une méthode parfaitement simple et efficace, sans inconvénients et très peu douloureuse à la pose à des femmes ayant déjà eu des enfants, notamment au-delà de 35 ans. Pour les femmes de cette catégorie d'âge, le préservatif est systématiquement banni par les professionnel·les et disqualifié en cours de consultation : les médecins l'associent en effet à la jeunesse et à l'immaturité. Plus largement, les professionnel·les participent à inscrire les femmes dans une norme reproductive fondée sur un âge socialement souhaitable pour enfanter, situé entre 20 et 35 ans. Cette norme associe

79 Boltanski L., « Les usages sociaux du corps », *op. cit.*, p. 205-233.
80 Ruault L., « La force de l'âge du sexe faible », *op. cit.*

chaque âge de la vie à un moyen contraceptif prédéfini et disqualifie les méthodes qui sortent de ce cadre ; les médecins réprouvent également les femmes qui utilisent la mauvaise méthode au mauvais moment.

Cette disqualification de principe se retrouve lorsque l'on s'intéresse à des contraceptifs plus marginalement utilisés, en dehors de la norme. Les implants étudiés par la sociologue Hélène Bretin[81] par exemple, commercialisés depuis les années 1980 mais dont les fabricants ont fait très peu de publicité auprès des médecins et qui sont rarement mentionnés dans la formation médicale, apparaissent comme une méthode de « dernier recours », lorsque les méthodes plus classiques ont mené à des grossesses non souhaitées et que les femmes ne peuvent se permettre une grossesse de plus. Ils sont d'ailleurs utilisés comme une contraception d'arrêt chez une partie des femmes interrogées à qui on a refusé une stérilisation tubaire car elles étaient considérées comme trop jeunes. La proposition (et plus rarement, l'imposition) de cette méthode par les professionnel·les de santé ne se fait que dans le cadre d'une « marginalité contraceptive », lorsque les femmes sont jugées incapables de prendre la pilule – en raison de leur faible niveau d'instruction, de leur précarité sociale et économique, de leur absence de maitrise de la langue française dans le cas de femmes étrangères, ou encore dans le cas de troubles

81 Bretin H., « Marginalité contraceptive et figures du féminin », *op. cit.*, p. 89.

mentaux. Cette incapacité contraceptive décrétée par le corps médical s'inscrit dans des rapports de classe qui se doublent dans certains cas de rapports de pouvoir ethnoraciaux, puisque les implants sont plus systématiquement proposés dans les structures de soins à des femmes étrangères nées dans des pays du Maghreb ou d'Afrique subsaharienne qu'à des femmes françaises ou nées dans d'autres zones géographiques. Bretin note ainsi que « s'appuyant sur des représentations partielles de la culture maghrébine, la pratique qui se conçoit et s'énonce comme un soutien à des femmes démunies est aussi une réponse médicalisée à la différence sociale et culturelle[82] ».

Dans les cas les plus extrêmes, ces processus d'étiquetage et de réassignation culturelle peuvent conduire à ne même pas proposer de contraception, comme lors de la prise en charge hospitalière des femmes identifiées comme roms étudiée par Dorothée Prud'homme[83]. Dans le service de gynécologie-obstétrique qu'elle a observé, les médecins considéraient en effet comme trop difficile d'aborder la question de la contraception avec les patientes identifiées comme roms et renonçaient la plupart du temps à évoquer les possibilités contraceptives avec elles, au nom d'un soi-disant respect de la différence culturelle qui relevait davantage

82 Bretin H., « Marginalité contraceptive et figures du féminin », *op. cit.*, p. 96.

83 Prud'homme D., « Du "soin global" au traitement discriminatoire », *op. cit.*

d'une vision stéréotypée de la communauté rom selon laquelle les femmes y seraient assignées très tôt et de manière durable à la maternité. Or comme le montre la sociologue, ces représentations sont parfois en décalage avec les attentes des femmes elles-mêmes, qui souhaiteraient obtenir des informations sur les contraceptifs, mais qui éprouvent souvent des difficultés à exprimer cette demande, du fait de contraintes linguistiques, mais également du rapport de classe qu'elles perçoivent dans le cadre de la consultation médicale.

Les prescripteur·ices peuvent également orienter leurs recommandations selon des représentations classistes des consultantes, nourrissant les inégalités de santé dans l'accès aux innovations médicales. Nathalie Bajos et ses collègues ont montré que les pilules de 3e génération – supposées mieux tolérées que les précédentes – étaient plus facilement accessibles, au début des années 2000, aux femmes des classes supérieures qu'aux femmes de catégories intermédiaires et populaires[84]. Si le cout de ces méthodes non remboursées peut jouer, les médecins ont aussi des logiques de prescription discriminantes selon la classe sociale des femmes qui consultent : les gynécologues proposent plus systématiquement des pilules de 3e génération aux femmes des classes supérieures qu'aux autres catégories de femmes, ce qui vient redoubler une inégalité déjà

84 Bajos N. *et al.*, « Les inégalités sociales d'accès à la contraception en France », *op. cit.*

présente dans l'accès à ces spécialistes. Les généralistes discriminent moins selon la classe sociale que les gynécologues dans les méthodes proposées.

Ces manières de prescrire une contraception suivant des logiques sociales de classe et de race s'inscrivent dans des rapports de pouvoir, ce qui contribue en retour à les reproduire. La disqualification de certaines usagères comme ne correspondant pas à la norme contraceptive et leur assignation à des méthodes jugées marginales participe de même à renforcer la norme médicale contraceptive française.

Promouvoir la pilule : un enjeu pour les industries pharmaceutiques

S'intéresser à l'offre contraceptive et aux industries pharmaceutiques permet d'éclairer sous un autre angle l'évolution du recours contraceptif en France. Dans quelle mesure la norme contraceptive française centrée sur la pilule a-t-elle été produite et promue par les industries pharmaceutiques ? Quels enjeux les contraceptifs oraux représentent-ils pour les firmes ? Quels moyens ces dernières mettent-elles en œuvre pour promouvoir leurs produits ?

La pilule au cœur des stratégies commerciales des firmes pharmaceutiques

La lente libéralisation du marché contraceptif

Jusqu'à la parution des premiers décrets d'application de la loi Neuwirth en 1969, le marché contraceptif demeure clandestin, même si, nous l'avons vu, un certain nombre de produits tels que les diaphragmes, les crèmes spermicides, les préservatifs, les calendriers Ogino et les inhibiteurs de l'ovulation circulent malgré tout. Certains produits sont ainsi importés ou prescrits par des médecins du Planning familial. En 1961, les pilules tout juste mises sur le marché nord-américain[1] arrivent en Europe. Si la diffusion de la pilule en France est ralentie par un cadre légal qui met du temps à se mettre en place, les entreprises pharmaceutiques contournent les interdictions en proposant de commercialiser ces produits comme « inhibiteurs de l'ovulation à visée thérapeutique » ou « pour la mise au repos de l'ovaire ». La première pilule européenne, Anovlar, de la firme allemande Schering, est mise sur le marché français en 1964 et promue en cas de « dysménorrhée, endométriose, stérilité fonctionnelle » et pour « certains

1 La molécule en elle-même obtient l'autorisation de la FDA en 1956 pour le traitement des dysménorrhées. Enovid, mis sur le marché en 1960, est le premier produit hormonal explicitement prescrit à visée contraceptive.

troubles du cycle »[2]. Le début des années 1970 est marqué par l'arrivée officielle des produits spermicides, des diaphragmes et des DIU en plastique : le répertoire de prescription à disposition des médecins s'élargit aux produits déjà en circulation. L'inscription de ces produits dans le dictionnaire *Vidal*, le dictionnaire des médicaments à disposition des médecins, leur donne une plus grande visibilité aux yeux des prescripteur·ices. La loi Veil du 4 décembre 1974 intègre d'ailleurs l'ensemble des « produits, médicaments ou objets contraceptifs » dans le dispositif de régulation par demande d'autorisation de mise sur le marché (AMM) accordée par le ministre de la Santé publique.

La lente libéralisation de la contraception en France (chapitre 1) crée un décalage entre la temporalité de l'innovation en matière de produits contraceptifs à l'échelle mondiale et leur commercialisation en France. Les années 1960 sont ainsi porteuses d'évolutions concernant les produits contraceptifs, mais celles-ci pénètrent peu le marché français. Lorsque surviennent les décrets d'application de la loi Neuwirth, une pilule de 2e génération arrive déjà sur le marché de la contraception. Aussi, les premiers DIU et les premières pilules à être massivement commercialisées en France

2 Dietrich W., *Zur Geschichte der oralen Krontrazeption oder – wie der Volksmund kurz sagt – der Pille*, avril 1966, p. 13, archives de Schering, S1 348/3 : Anovlar (1961) ; « Vorgeschichte und Einführung; Erste Kongresse » ; brochure publicitaire pour Anovlar 21, France, 29 mars 1966, archives de Schering, S1 347/c : Anovlar 21 (weitere Werbung).

présentent une efficacité supérieure et moins d'effets secondaires que les produits en circulation aux États-Unis dans les années 1960.

La structure du marché contraceptif évolue aussi sensiblement pendant la même période. À une multitude d'acteurs et de produits, succèdent un petit nombre de firmes qui forment un oligopole et produisent l'ensemble des nouveaux produits mis sur le marché à partir du début des années 1970. Cet oligopole est favorisé par le durcissement des exigences des gouvernements dans le domaine du médicament, qui rend la commercialisation de nouveaux produits plus couteuse, avantageant les sociétés de grande taille ou ayant déjà de l'expérience sur ce marché[3]. À priori, la diversité des entreprises sur le marché aurait dû entretenir la concurrence et donc provoquer une baisse tendancielle des prix des produits capables de capter une clientèle. Mais la formation d'un oligopole a en réalité conduit à des ententes bilatérales pour l'exploitation des licences ou pour fixer les prix des produits, et ainsi pratiquer des tarifs élevés[4].

3 Les différents scandales sanitaires qui ont lieu dans les années 1960 (le Stalinon, la Thalidomide, le Distilbène) conduisent plusieurs États à imposer des conditions plus strictes de mise sur le marché. À partir de la fin des années 1960, en France, tout médicament doit passer par une AMM et apporter la preuve clinique de son intérêt scientifique et de son innocuité médicale.

4 Par exemple, Schering établit un accord commercial avec Wyeth pour exploiter la licence d'un progestatif contenu dans la pilule et ses dérivés. En contrepartie, Wyeth obtient que Schering ne commercialise pas ces produits aux États-Unis, au Canada, en France, ni en Afrique du Sud. SCHERING, *Schering. Aus Berlin in alle Welt. Die Schering AG 1949-1971*, Berlin, Schering-Aktiengesellschaft, 1998, p. 80, archives de Schering.

La course à la réduction des doses hormonales des pilules et de leurs effets secondaires pour garantir des profits

Afin de prévenir l'abandon de la pilule par les consommatrices qui ne supportent pas ses effets secondaires et donc d'empêcher la baisse des profits qui pourrait en résulter, les industries pharmaceutiques se lancent au cours des années 1970 dans une course à la réduction des doses d'hormones contenues dans les pilules, soutenue par plusieurs innovations sur les molécules qui les composent. La première pilule contraceptive, Enovid, testée à Porto Rico au milieu des années 1950, était en effet beaucoup plus dosée que les produits actuellement sur le marché : 10 mg d'un progestatif de synthèse (noréthynodrel) et 0,15 mg d'un œstrogène de synthèse (mestranol). L'effet contraceptif de cette combinaison est mis en évidence lors des essais conduits par Pincus et son équipe, mais, nous l'avons vu, le produit a des effets secondaires si conséquents que beaucoup de femmes cessent de le prendre et quittent l'essai clinique[5]. Les entreprises pharmaceutiques mettent d'ailleurs du temps à considérer le potentiel marchand de ce produit car il parait comporter bien trop d'effets secondaires ou de risques pour qu'une population saine le prenne massivement. La firme Searle obtient néanmoins l'AMM d'Enovid comme contraceptif en mai 1960.

5 Briggs L., *Reproducing Empire. Race, Sex, Science, and US Imperialism in Puerto Rico*, Berkeley, University of California Press, 2002.

Dans le même temps, la société allemande Schering achète la licence du noréthistérone – un progestatif similaire au noréthynodrel – à l'entreprise mexicaine Syntex en 1956, et elle commercialise un dérivé de ce produit pour le traitement des troubles menstruels et des troubles de la fertilité, puis obtient en 1961 l'AMM pour la pilule contraceptive Anovlar. Combinant 4 mg d'acétate de noréthistérone (progestatif) et 0,05 mg d'éthinylestradiol[6], ce produit moins dosé que son concurrent américain est mieux toléré. Peu de temps après la sortie d'Anovlar, la ruée vers le marché contraceptif commence et les firmes Organon (Pays-Bas), Parke-Davis (États-Unis) et Ciba (Suisse) commercialisent des produits de composition similaire. La société étatsunienne Wyeth met au point le norgestrel, un progestatif beaucoup plus puissant que l'acétate de noréthistérone et ayant moins d'effets secondaires : ce produit et ses dérivés vont ainsi devenir les progestatifs les plus utilisés dans les contraceptifs oraux durant les deux décennies qui suivent. Après deux ans de négociations avec Wyeth, Schering obtient l'exploitation de la licence du norgestrel, excepté en France, aux États-Unis, au Canada et en Afrique du Sud, où Wyeth conserve l'exclusivité. Schering introduit en 1966 sur le marché européen la pilule Eugynon (avec 0,5 mg de DL-norgestrel) et Wyeth sort ce même produit en 1968 sur le marché français

6 Œstrogène de synthèse utilisé dans la plupart des contraceptifs oraux encore aujourd'hui.

sous le nom de Stédiril – encore prescrit aujourd'hui en France –, signant le début de l'ère des « minipilules[7] ». Schering synthétise ensuite le lévonorgestrel, qui permet de réduire encore le dosage en progestatif : Neogynon, introduit en Allemagne en août 1970, comporte 0,25 mg de progestatif – quarante fois moins que la première pilule Enovid – et 0,05 mg d'œstrogène – trois fois moins qu'Enovid. Cette course scientifique et industrielle à la réduction des doses des contraceptifs se poursuit en mai 1973, lorsque Schering obtient l'AMM pour la pilule Microgynon, composée des mêmes hormones qu'Eugynon et Neogynon, mais « microdosées » : 30 « microgrammes » (soit 0,03 mg) d'ethinylestradiol et 150 « microgrammes » (0,15 mg) de lévonorgestrel. Efficaces à doses réduites dans la plupart des cas, ces produits diminuent encore les effets secondaires éventuels des pilules sans réduire leur effet contraceptif. Aux pilules œstroprogestatives microdosées s'ajoutent ce qui s'appelle en France les « micropilules », exclusivement à base de progestatifs[8] : Milligynon (Schering) en 1977 et Microval (Wyeth) en 1978.

7 Le terme renvoie à une réduction des doses hormonales par rapport aux premières pilules. En France, la classification des pilules selon leur dosage en œstrogènes se stabilise dans les années 1980 : on distingue les pilules « macrodosées » (plus de 50 µg d'œstrogène), les pilules « normodosées » (50 µg d'œstrogène) et les pilules « minidosées » (moins de 50 µg d'œstrogène). Cette classification ne recoupe pas complètement la division plus couramment utilisée entre différentes « générations » de pilules, qui correspondent aux différentes générations de progestatifs.

8 Il faut relever une ambiguïté entre le mot *Mikropille* employé en allemand pour désigner les produits microdosés en œstrogène

La réduction des doses et des effets secondaires permet aux firmes de rester concurrentielles sur le marché contraceptif et constitue un argument de vente important face aux critiques dont les pilules font l'objet, en marquant une frontière nette entre les anciens produits trop fortement dosés, désormais obsolètes, et les nouveaux aux risques réduits. La commercialisation de Microgynon coïncide par exemple avec les mises en cause de la pilule en Allemagne, aux États-Unis et en Angleterre, qui font suite à la mise en évidence des risques associés aux œstroprogestatifs[9]. L'appréciation des effets secondaires par les industries pharmaceutiques demeure toutefois ambivalente. Dans leur argumentaire de vente, les industries ont tout intérêt à minimiser ou invisibiliser certains effets secondaires qui pourraient rendre leur produit moins attractif. Aussi, la promotion de chaque nouvelle pilule moins dosée est centrée sur le fait qu'elle produit moins d'effets secondaires *par rapport aux autres produits sur le marché*, ce qui a pour conséquence de réaffirmer que les précédents produits avaient de très nombreux effets secondaires, et ce alors que l'absence d'effets secondaires de certains

et progestatif – repris par Schering pour sa pilule Microgynon – et le terme de « micropilule » qui s'impose en France pour désigner des produits exclusivement constitués de progestatifs, comme les pilules Microval (Wyeth) et Milligynon (Schering). À l'inverse, le terme de *Minipille* désigne en allemand les pilules composées exclusivement de progestatifs, alors que celui de « minipilule » désigne en France les œstro-progestatifs faiblement dosés.

9 Watkins E. S., *On the Pill. A Social History of Oral Contraceptives, 1950-1970*, Baltimore, The John Hopkins University Press, 1998.

avait été précédemment fièrement affichée. Une brochure précise par exemple qu'« avec ANOVLAR moins de patientes ont été perturbées par des effets secondaires importants qu'avec les autres contraceptifs oraux[10] ». Tout l'argumentaire marketing de la génération suivante de produits au norgestrel repose toutefois sur l'idée qu'ils sont mieux tolérés qu'Anovlar, et la comparaison des effets secondaires des différents produits est mobilisée dans la brochure publicitaire[11]. La pilule Microgynon est ensuite décrite comme « le produit qui résout les problèmes de tolérance[12] », et la pilule de 3e génération Milvane est présentée comme « harmonieuse et équilibrée » et censée apporter aux femmes « davantage de bien-être, nettement moins de "spotting", [...] une meilleure tolérance générale, nettement moins de maux de tête, nettement moins d'interruptions de traitement dues à l'apparition d'effets secondaires ». La liste des effets secondaires des différentes pilules est progressivement étendue dans ces brochures publicitaires, qui intègrent les critiques adressées aux contraceptifs oraux ; elles participent ainsi paradoxalement à leur

10 « Anovlar the oral contraceptive with world-wide recognition », brochure anglaise de présentation d'Anovlar, archives de Schering, S1 348 : Anovlar.

11 Une conférence de lancement de la pilule Eugynon liste les effets suivants : hémorragies, aménorrhées, augmentation ou diminution du flux menstruel, dysménorrhée, nausée, crampes, prise ou perte de poids, migraine, fatigue, dépression, crampes aux jambes, acné. « Sales conference 1966 : Eugynon lecture notes », Berlin, 13 décembre 1966, archives de Schering, S1 227 : Eugynon, p. 10.

12 Brochure publicitaire pour Microgynon, 1975, archives de Schering, S1 235/c : Microgynon.

donner plus de visibilité et de légitimité, tout en essayant de convaincre les consommatrices et les médecins que les nouveaux produits échappent à la critique, précisément parce qu'ils ont moins d'effets secondaires.

Les pilules, « vache à lait » du secteur pharmaceutique

Bien que des alternatives à la pilule soient développées sur la même période – comme le DIU au cuivre[13] ou les spermicides – et qu'une diversité de produits soient promus dans les revues médicales, les industries se concentrent de plus en plus sur les contraceptifs oraux, qui représentent des enjeux économiques considérables. Les autres secteurs sont considérés comme des parts de marché complémentaires, également à conquérir, mais la hiérarchie implicitement suggérée par les industries consiste à encourager en premier lieu des pilules œstro-progestatives, puis, en deuxième instance, à favoriser les pilules uniquement progestatives en cas de contre-indication aux œstrogènes, et enfin à recommander

13 Les DIU en plastique souple, en circulation dans les années 1960, sont progressivement remplacés par des DIU au cuivre, plus efficaces, ce qui permet de réduire leur taille et limite les risques d'infection. Le premier dispositif au cuivre, le DIU Gravigarde (Searle), est mis sur le marché français en 1973, suivi de plusieurs autres modèles mis sur le marché par des firmes concurrentes. Entre 1976 et 1988, plus d'une dizaine de dispositifs au cuivre sont introduits sur le marché, presque autant que de nouvelles pilules. La forme du dispositif se standardise : le DIU se présente le plus souvent comme un T dépliable d'environ 5 cm, ce qui facilite son insertion, et comporte un fil de cuivre enroulé sur l'arête centrale.

le DIU en cas de contre-indication absolue aux hormones. Ces firmes commercialisent rarement d'autres produits et ce sont d'autres laboratoires, spécialisés dans les méthodes barrières et les spermicides, qui proposent ces solutions en vente libre[14]. Cette hiérarchisation recoupe celle qui est adoptée par les médecins entre la fin des années 1970 et la fin des années 1980.

À partir des années 1980, les industries pharmaceutiques focalisent davantage leur promotion sur les seuls contraceptifs oraux. À cette époque, Schering anticipe l'augmentation de ses parts sur le marché français de la contraception, où l'entreprise est relativement moins avantagée que ses concurrentes[15]. Cette hausse est principalement liée à la mise sur le marché d'une nouvelle génération de pilules, et plus marginalement au développement de produits de contraception locale, notamment le DIU. En 1988, Schering est en plein tournant capitalistique et a pour objectif de s'élever au rang de multinationale mondiale. Dans ce cadre, la firme entend vendre à d'autres entreprises les licences des produits les moins rentables pour ne concentrer ses efforts

14 Entre 1973 et 1988 le laboratoire Pharmelac, spécialisé dans la contraception locale, met ainsi sur le marché six formes de spermicides (crèmes, gels, ovules ou tampons). Les autres méthodes locales (capes cervicales, diaphragmes et préservatifs) font peu l'objet d'innovations sur la période.

15 Avis sur l'état et les perspectives de la stratégie en France, de Demkse (UE/Referat Strategische Planung) à Bülow (Schering SA) avec annexes (compte rendu sur les discussions stratégiques), « Strategic planning, pharma division, France von 1982 bis 1990 (2000) », décembre 1983, archives de Schering, B9 854 : Strategieunterlagen Pharma Ausland (Frankreich).

commerciaux que sur les secteurs les plus lucratifs. Dans un rapport d'orientation stratégique, Schering affirme ainsi que « les produits pharmaceutiques ont toujours été le joyau de la couronne et le deviendront de plus en plus à mesure que de nouveaux produits sont mis sur le marché ». Les contraceptifs oraux y sont désignés comme la « vache à lait » du secteur pharmaceutique : ils ont jusqu'alors permis de financer les dépenses de recherche et de développement de l'entreprise, et lui offrent l'opportunité de se transformer et de devenir « une firme pharmaceutique de premier rang[16] ». Malgré les coûts croissants qui pèsent sur le secteur pharmaceutique, le rapport affirme que « le contrôle de la fécondité va continuer à être un secteur lucratif et plein de succès, offrant des possibilités de croissance ». Cette croissance passe notamment par la commercialisation des pilules dites de 3ᵉ et 4ᵉ générations, qui représentent un enjeu financier important parce qu'elles sont vendues plus cher que celles des générations précédentes, ce qui promet des marges considérables pour les firmes. Alors même que le marché stagne en termes de volume de ventes, une augmentation des recettes est attendue au cours de la décennie 1990. Plutôt qu'une situation de concurrence où les industries pratiqueraient une guerre des prix et proposeraient des prix à la baisse pour être plus attractives que leurs rivales, une entente tacite entre les

16 Analyse stratégique de Schering, Brokenhaus Robert Fleming Securities, *Schering-Analyse von britisch*, 30 août 1988, archives de Schering, C10 030-001, ma traduction.

principales firmes du marché s'établit pour hausser les prix de vente, confirmant que le marché des contraceptifs s'est structuré en oligopole.

Une pilule pour améliorer le mode de vie des femmes ?

Le tournant majeur de la fin des années 1980 consiste en l'arrivée de nouveaux composants ayant des effets anti-androgènes, utilisés pour lutter contre l'acné ou la pilosité faciale. Ces nouveaux progestatifs[17], seulement commercialisés en France à partir de 1988, se retrouvent dans les pilules dites de « 3e génération »[18], qui sont promues par l'industrie comme des *lifestyle drugs*[19], c'est-à-dire des produits censés améliorer le mode de vie des femmes grâce à des supposés effets secondaires bénéfiques, comme l'embellissement de la peau ou des cheveux et moins d'effets néfastes que les pilules précédentes (moindre prise de poids, diminution de la pilosité faciale, libido plutôt stimulée qu'altérée). La pilule Diane (puis Diane 35), initialement développée comme anti-acnéique, est par exemple considérée dans

17 Le désorgestrel développé par Organon, le norgestimate développé par Ortho, et le gestodène développé par Schering.

18 Les pilules de « 4e génération » qui apparaissent sur le marché au début des années 2000 contiennent un autre progestatif, la drospirénone.

19 Watkins E. S., « How the pill became a lifestyle drug. The pharmaceutical industry and birth control in the United States since 1960 », *American Journal of Public Health* 102 (8), 2012, p. 1462-1472.

plusieurs pays comme un contraceptif idéal pour les adolescentes, puisqu'elle permet de traiter simultanément l'acné et le risque de grossesse non prévue. Les efforts des laboratoires pharmaceutiques pour promouvoir ces produits sont considérables, et visent à remplacer rapidement les anciennes gammes par les suivantes, dont les prix sont plus élevés. Ces nouvelles pilules chassent rapidement les précédentes sur les marchés où elles obtiennent une AMM[20] et des produits qui constituaient des *best-sellers* mondiaux voient leur volume de vente chuter brutalement. Suivant l'étude menée par Nathalie Bajos et ses collègues, les Françaises utilisatrices de pilule étaient moins d'1 sur 10 à avoir recours aux pilules de 3ᵉ génération en 1988, tandis que quatre ans plus tard, en 1992, elles étaient près d'1 utilisatrice sur 3. Dans le même temps, le recours aux pilules de 1ʳᵉ génération a diminué de 20 % à 5 % et les utilisatrices de pilules de 2ᵉ génération sont passées de 70 % à 53 %[21].

Afin de maximiser leurs bénéfices, les entreprises pharmaceutiques commercialisent peu d'autres produits contraceptifs sur le marché en dehors des pilules[22]. Les

20 En 1982, quatre ans seulement après la mise sur le marché de Diane et Triquilar, ces deux pilules représentent 37 % du volume de vente total de la firme. « Absatz oraler Kontrazeptiva der Schering AG. 1961 bis 1982 », archives de Schering, B3 873.

21 Bajos N. *et al.*, « Les inégalités sociales d'accès à la contraception en France », *Population* 59, 2004, p. 487-488.

22 Sur les dix produits qui ont rapporté le plus de recettes à Schering entre janvier et septembre 1999, quatre sont des pilules contraceptives, dont trois pilules de nouvelle génération et Diane 35, voir « Das Dreivierteljahr 1999 im Überblick », « Die umsatzstärken Produkte im Dreivierteljahr », 1999, archives de Schering, S1 302 :

modifications de dosages et la déclinaison de molécules se révèlent beaucoup plus faciles et moins onéreuses que la mise au point de nouveaux dispositifs. Si les œstrogènes sont parmi les molécules les plus rentables de l'histoire de l'industrie pharmaceutique[23], c'est au cours des années 1980 que les entreprises en saisissent le potentiel commercial et donc financier. La fin des années 1980 est pourtant marquée par un paradoxe : l'innovation qui concerne les molécules hormonales elles-mêmes s'essouffle, tandis que les marques et types de pilules se démultiplient. L'anthropologue Emilia Sanabria[24] explique que ce phénomène est le propre de l'industrie pharmaceutique : créer du « différent » à partir du « similaire ». Plusieurs pilules sont en effet commercialisées à partir des mêmes molécules d'œstrogène et de progestatif, mais les entreprises font varier les doses au fil de la plaquette pour correspondre davantage aux évolutions hormonales du cycle menstruel et vendre un « nouveau » produit. L'arrivée sur le marché français à partir du milieu des années 1980 des pilules dites biphasiques puis triphasiques[25] permet

Meliane.

23 Tone A., *Devices and Desires. A History of Contraceptives in America*, New York, Hill and Wang, 2001.

24 Elle montre comment la mise sur le marché de « nouveaux » produits peut en fait consister à décliner des produits relativement similaires, ou, comme elle l'exprime, « la même chose dans une autre boite ». Sanabria E., « "The same thing in a different box". Similarity and difference in pharmaceutical sex hormone consumption and marketing », *Medical Anthropology Quarterly* 28 (4), 2014, p. 537-555.

25 Pilules dont la combinaison hormonale entre œstrogènes et progestatif évolue au fil de la plaquette.

de multiplier l'offre pour mieux cibler différentes catégories de femmes (et divers segments de marché). Ce principe est ensuite repris pour chaque nouvelle molécule introduite dans les contraceptifs oraux, qui peut de la sorte servir à créer plusieurs produits « nouveaux » et dont la durée de vie est ainsi prolongée sur le marché. C'est ce que suggère une brochure de présentation de la stratégie commerciale de l'anti-acnéique Diane 35 au début des années 1990 :

> L'importance de la niche Diane 35, estimée à 270 millions de deutsche Marks en 1995, nous permet de développer une variante à dose réduite ou triphasique de la préparation Diane 35, qui est sur le marché depuis 1986. Les points suivants plaident pour le développement immédiat d'une variante de Diane 35 avec des doses réduites d'ethinylestradiol : (*i*) le cycle de vie du produit pourrait être prolongé à un niveau élevé au-delà des années 2000 (comme cela s'est produit avec le passage de Diane 50 à Diane 35 en 1985-1986) ; (*ii*) les producteurs de génériques ne seraient pas un danger ; (*iii*) poursuite de la politique de prix élevé [...]. Une autre option serait de développer un successeur à Diane 35 avec un œstrogène naturel[26].

L'innovation à la marge, par la variation des dosages plutôt que par le développement de nouvelles molécules, permet aux firmes de déjouer la fatalité de

26 SCHERING, *Diane 35, Where Do We Go from Here?*, 1991, archives de Schering, S1 255/1/1 : Diane 35, p. 95, ma traduction.

l'expiration des brevets et de pratiquer des prix élevés pour des produits qui sont présentés comme nouveaux, alors qu'il s'agit en fait de la même chose.

À partir du milieu des années 1990, les laboratoires pharmaceutiques doivent également s'adapter à la politique des génériques mise en œuvre par l'État, qui consiste à substituer aux produits dits *princeps* (les marques originales pour lesquelles un brevet exploitable pendant vingt ans a été déposé) des copies *génériques* moins chères et pouvant être produites par n'importe quelle entreprise[27]. Cette politique répond au double objectif de réduire les dépenses étatiques de santé en soutenant une concurrence par les prix et de favoriser un plus large accès aux médicaments en multipliant les potentiel·les producteur·ices. Face à cette remise en cause de leur situation de monopole, les firmes pharmaceutiques développent plusieurs stratégies visant à prolonger le cycle de vie des molécules ou à créer un attachement des prescripteur·ices et consommateur·ices à une marque. Certaines firmes se portent même simultanément sur le marché des génériques et sur le marché des *princeps*. L'effort d'adaptation des entreprises à la politique des génériques est soutenu par des investissements marketing très importants, chaque fois plus focalisés sur les pilules.

27 Nouguez E., *Des médicaments à tout prix. Sociologie des génériques en France*, Paris, Presses de Sciences Po, 2017.

L'influence de l'industrie pharmaceutique sur l'expertise en matière de contraception : le renforcement du pilulocentrisme de la prescription

Industries et expert·es : une vision commune des enjeux contraceptifs

Le fait que la pilule soit au cœur des pratiques médicales de prescription (chapitre 2) est renforcé par les stratégies commerciales que développent les firmes pharmaceutiques. Mais quels liens existent entre ces deux sphères ? Outre le poids de l'industrie dans la formation et la prescription médicales, les messages des entreprises sont légitimés et consolidés par des acteur·ices qui se situent à l'interface entre la sphère industrielle et la sphère médicale : les leaders d'opinion en matière contraceptive. À la fois reconnu·es comme expert·es au sein du monde médical et identifié·es par les industries comme des relais et des porte-paroles, ces médecins et chercheur·euses contribuent à façonner les normes médicales[28]. Ces expert·es ont une influence importante sur les représentations professionnelles et

28 Podolsky S. H. et Greene J. A., « A historical perspective of pharmaceutical promotion and physician education », *JAMA* 300 (7), 2008, p. 831-833 ; Sismondo S., « Key opinion leaders and the corruption of medical knowledge: What the sunshine act will and won't cast light on », *The Journal of Law, Medicine and Ethics* 41 (3), 2013, p. 635-643.

les pratiques prescriptives. Leurs liens avec l'industrie ne vont toutefois pas sans créer des conflits d'intérêt, dénoncés aussi bien dans la sphère publique que dans le secteur médical[29]. Comment ces liens se traduisent-ils dans la représentation de la contraception que les leaders d'opinion et les firmes produisent conjointement ?

Les sciences sociales ont de longue date montré les relations existant entre leaders d'opinion et industries pharmaceutiques[30]. Celles-ci se traduisent par des cadeaux, des rétributions matérielles diverses (voyages, diners, abonnements à des revues), mais surtout par des ressources matérielles et symboliques (produits pour réaliser des essais cliniques et publier des travaux scientifiques, direction d'essais cliniques, opportunités de publication dans des revues) mises à disposition des expert·es et leur permettant d'accumuler du capital symbolique et de la reconnaissance scientifique au sein de la profession médicale. Ces leaders d'opinion apportent en retour une caution clinique à la science

29 Hauray B., « Une médecine détournée ? Influences industrielles et crise de confiance dans le domaine du médicament », *Mouvements* 98 (2), 2019, p. 53-66.

30 Greene J. A., *Prescribing by Numbers: Drugs and the Definition of Disease*, Baltimore, Johns Hopkins University Press, 2007 ; Podolsky S. H. et Greene J. A., « A historical perspective of pharmaceutical promotion and physician education », *op. cit.* ; Sismondo S., « Pharmaceutical company funding and its consequences: a qualitative systematic review », *Contemporary Clinical Trials* 29 (2), 2008, p. 109-113 ; Sismondo S., « Key opinion leaders and the corruption of medical knowledge », *op. cit.* ; Abecassis P. et Coutinet N., « Le colloque singulier sur ordonnance des firmes pharmaceutiques », *Journal d'économie médicale* 27 (3), 2009, p. 146-164 ; Ravelli Q., *La stratégie de la bactérie. Biographie sociale d'une marchandise médicale*, Paris, Seuil, 2015.

produite par les industries, une garantie médicale aux produits eux-mêmes, ainsi qu'une publicité scientifique, sous la forme de publications dans des revues ou de conférences dans des congrès. Surtout, les leaders d'opinion assurent aux firmes un important débouché commercial, puisqu'iels ont une influence directe sur les pratiques prescriptives et les représentations des médecins. En effet, les essais cliniques réalisés pour attester de l'innocuité et de l'efficacité d'un produit auprès des instances de régulation du médicament (en vue notamment de la délivrance d'une AMM) ne suffisent pas à le légitimer auprès des médecins. Les échanges entre expert·es et médecins favorisent alors la mise en adéquation des images que ces derniers s'en font avec le discours porté par l'industrie pharmaceutique.

Cette proximité se traduit par exemple dans la conception de la politique des génériques du docteur A, qui se confond avec les revendications et les griefs plus largement affichés par l'industrie pharmaceutique. Comme il l'explique, face au développement des génériques, « l'industrie pharmaceutique, qui se défend comme elle peut », a « totalement recentré sa recherche sur des produits haut de gamme, qu'elle arrive à vendre très cher pour de petites populations », donc avec des accidents ou risques moins fréquents, car « quand vous traitez 9 millions de femmes par la pilule, il est normal d'avoir des accidents. Quand vous donnez 200 traitements pour une hépatite C à 45 000 euros le traitement, ça rapporte autant et c'est beaucoup moins dangereux ».

Selon lui, face à l'augmentation des contraintes qui touchent les entreprises pharmaceutiques, comme l'incitation à la baisse des prix, la politique des génériques, ou encore les procès intentés contre elles et les contestations publiques, comme lorsqu'« il y a eu un accident avec le paracétamol, ou qu'il y a eu une pauvre fille qui a fait un accident vasculaire cérébral avec la pilule », celles-ci désinvestissent le secteur, car « ça leur coûte cher ». L'industrie pharmaceutique a donc « quitté la recherche de masse, c'est-à-dire qu'il n'y a plus de recherche sur la contraception [...]. On a tué la recherche, il y a peu d'espoir dans les décennies qui viennent – à moins que la terre se mette à tourner dans l'autre sens – qu'on ait des progrès réels dans le domaine de la contraception, et aujourd'hui, quand on voit la position de Marisol Touraine [alors ministre de la Santé] par rapport aux pilules – elle recommande d'utiliser des pilules des années 1970 –, ce n'est pas ce qui va inciter [les industries à investir] ».

En décrivant ainsi les tendances du secteur de l'industrie pharmaceutique depuis la fin des années 1990, le docteur A adopte une rhétorique en empathie avec les firmes, notamment sur la menace que font peser les génériques sur l'innovation[31]. Or, l'innovation véritable dans le champ de la contraception avait déjà très

31 Lomba C., « 1. Des mondes de règles et de rentes », dans Fournier P. et al. (dir.), *Les travailleurs du médicament. L'industrie pharmaceutique sous observation*, Toulouse, Érès, 2014, p. 27-54 ; Nouguez E., *Des médicaments à tout prix*, *op. cit.*

largement ralenti dès la fin des années 1970 et dans les années 1980, malgré la multiplication apparente des marques et des posologies. Le désengagement des entreprises de la recherche fondamentale en matière contraceptive précède donc d'une quinzaine d'années la mise en place d'une politique de génériques. Des travaux montrent que le budget de la recherche et du développement des laboratoires pharmaceutiques s'est progressivement déplacé, au cours des années 1970 et 1980, de la recherche fondamentale vers la recherche en marketing, et qu'une très grande partie des marges réalisées dans ce secteur est en réalité due à la promotion de produits déjà existants[32]. De fait, pendant cette période, la plupart des multinationales pharmaceutiques se dotent de départements marketing, qui prennent une place croissante dans leur organigramme comme dans leur budget[33]. Schering développe par exemple dès 1975 une structure marketing en interne, composée d'un département d'études de marché, de plusieurs « managers produits » et d'un studio de publicité, puis s'organise de manière à « pouvoir adapter

32 Chaveau S., « Médicament et société en France au xxe siècle », *Vingtième siècle. Revue d'histoire* 73 (1), 2002, p. 169-185 ; Podolsky S. H. et Greene J. A., « A historical perspective of pharmaceutical promotion and physician education », *op. cit.* ; Ravelli Q., *La stratégie de la bactérie, op. cit.*

33 Montalban M., « La financiarisation des *big pharma*. De l'insoutenable modèle blockbuster à son dépassement ? », *Savoir/Agir* 16 (2), 2011, p. 13-21 ; Ravelli Q., *La stratégie de la bactérie, op. cit.* L'économiste Matthieu Montalban note qu'en 2004, les budgets marketing des grosses entreprises pharmaceutiques représentent entre une fois et demie et deux fois ceux de la recherche et du développement, et que les employé·es en marketing sont bien plus nombreux·ses que les employé·es de ce secteur.

de manière optimale les activités de recherche et de développement aux exigences du marché[34] », subordonnant la recherche de laboratoire ou l'activité scientifique, auparavant centrales, au commercial.

Malgré le recul de l'innovation, nous l'avons vu, les années 1980 et 1990 ont permis aux industries pharmaceutiques de dégager de très larges profits. En effet, en France et dans le reste du monde, les contraceptifs oraux sont à la fois consommés de manière beaucoup plus massive que lors des décennies précédentes, mais aussi vendus nettement plus cher. Malgré les scandales et les mises en causes médiatiques répétées dont les entreprises pharmaceutiques font l'objet depuis les années 1980, et malgré les discours alarmistes sur l'étau financier dans lequel elles seraient prises, leurs taux de rentabilité n'ont jamais été aussi élevés qu'au cours des années 2000[35]. Ces éléments montrent bien que certain·es expert·es du secteur ont absorbé la rhétorique de la « crise » véhiculée par les firmes.

Certain·es expert·es partagent également l'approche technocentrique des entreprises pharmaceutiques qui consiste à défendre que les pilules de 3e et 4e générations, parce qu'elles constituent les innovations les plus récentes en matière contraceptive, sont nécessairement les meilleurs produits à recommander en première

34 *Historische Entwilckung der « Pille » unter besonderer Berücksichtigung der Schering-Innovation*, archives de Schering, B3-653.

35 Lomba C., « 1. Des mondes de règles et de rentes », *op. cit.*

intention. Le discours favorisant la pilule au détriment des autres méthodes est ainsi d'autant plus omniprésent chez les expert·es qu'iels sont proches de l'industrie pharmaceutique. La question des « bénéfices non contraceptifs » des pilules de nouvelles générations est un argument phare du marketing des firmes de la fin des années 1980 à la fin des années 1990, argument très largement repris par une partie des prescripteur·ices pour faire la promotion de ces produits. En outre, quelques expert·es sont dans une forme d'émerveillement technologique face à l'évolution des œstroprogestatifs entre les années 1950 et les années 2000. Iels reprennent à leur compte le discours des firmes concernant la « révolution thérapeutique » évoquée précédemment que constitueraient les pilules microdosées (traitement de l'acné, diminution de la pilosité faciale, etc.). Le docteur C, gynécologue et endocrinologue en libéral, reconnait par exemple les difficultés qu'il a eues à admettre que les pilules de nouvelles générations pouvaient présenter plus de dangers que celles des générations précédentes. Il avoue n'avoir « pas cru » tout de suite que les nouveaux progestatifs augmentaient encore davantage le risque de phlébites. Selon lui, il aurait perdu son objectivité habituelle parce qu'il était « tellement en admiration devant la baisse des doses » de ces minipilules, mais aussi devant la pureté de ces progestatifs qui « ne favorisaient pas la prise de poids » ou « la pousse des poils chez les femmes prédisposées », et donc qui lui apparaissaient comme « vraiment meilleurs ». Cet émerveillement a pu freiner la reconnaissance des risques accrus dont les nouvelles pilules étaient porteuses. Malgré l'existence avérée de ce sur-risque, le docteur C affirme que le nombre de phlébites provoquées par les pilules (1 femme sur 10 000) reste « infime ». Selon lui, les risques que représente la prise de contraceptifs oraux, en particulier ceux de nouvelles générations, sont négligeables *dans l'absolu*, mais aussi par rapport à ceux que comporte la prise d'autres médicaments ou en comparaison du phénomène qu'est la grossesse. La sociopolitiste Mylène Rouzaud-Cornabas montre que la minimisation de ces risques a retardé la mise en cause des pilules de nouvelles générations spécifiquement en France[36]. En effet, dans d'autres pays européens tels que le Royaume-Uni, le Danemark et la Norvège, dès 1995 les premières enquêtes épidémiologiques ont mis en évidence ce sur-risque et ont déclenché une «*pill scare*» (crise des pilules) qui a conduit à la baisse très rapide de l'utilisation de ces produits. En France, les prises de position d'expert·es ayant mis en doute ces enquêtes et minimisé les risques de ces pilules ont retardé de vingt ans la crise. Il a fallu attendre qu'une femme fasse un accident vasculaire cérébral en lien avec sa pilule et qu'elle dépose une plainte pour que les risques portés par les pilules des 3e et 4e générations soient enfin reconnus.

36 Rouzaud-Cornabas M., «*Alerte à la pilule*». *Politiques contraceptives et régulation du risque au prisme du genre*, thèse de doctorat, université Paris-Saclay, 2019.

La co-construction de l'efficacité des contraceptifs oraux

Comme le note l'historienne Lara Marks, la pilule a certainement modifié l'étalon de l'efficacité contraceptive. Avec l'arrivée d'un produit ayant des taux d'efficacité supérieurs à 90 %, tous les autres ont soudainement paru insatisfaisants, si ce n'est obsolètes. D'autant plus que dans la France de la fin des années 1960, l'avortement, alors clandestin, était considéré comme un fléau social et sanitaire, et faisait figure de repoussoir. La simplicité d'administration de la pilule et son caractère réversible en ont alors fait un produit jugé inégalable[37].

À partir des années 1960, l'indice de Pearl[38] est érigé en seule mesure fiable de l'efficacité contraceptive. Il est notamment utilisé dans les brochures promotionnelles des contraceptifs oraux ou des DIU et dans les revues médicales spécialisées pour classer les méthodes et attester de la très grande supériorité des contraceptifs oraux sur les autres méthodes disponibles sur le marché. L'idée alors promue par les laboratoires pharmaceutiques est que les contraceptifs oraux sont efficaces à 100 % et que les éventuels échecs ne résultent pas de

37 Marks L. V., *Sexual Chemistry. A History of the Contraceptive Pill*, Yale, Yale University Press, 2001, p. 5.

38 La notion d'efficacité contraceptive en conditions cliniques est développée dans les années 1930 : les fabricants de spermicides mettent en place des tests d'efficacité pour donner du crédit scientifique à leurs produits. Devant la nécessité d'établir une mesure de l'efficacité et les difficultés à vérifier la bonne utilisation

la défaillance du produit, mais de celle des utilisatrices[39]. Encore aujourd'hui, l'indice de Pearl reste l'indicateur d'efficacité jugé pertinent pour les contraceptifs oraux, tant dans les brochures publicitaires que dans l'enseignement médical sur la contraception.

Pourtant, l'indice de Pearl est un indicateur d'efficacité *théorique* et non *pratique*, car il est mesuré en conditions parfaites, c'est-à-dire dans le cadre d'essais cliniques contrôlés, où le comprimé est administré par les chercheur·euses qui réalisent l'expérience et sa prise régulièrement surveillée. Il ne dit donc rien de l'efficacité de la pilule en conditions réelles d'utilisation. Plusieurs travaux en santé publique jugent pertinent de distinguer

des produits, le biologiste et statisticien américain Raymond Pearl propose en 1932 de la calculer à partir des mois où la méthode a été utilisée avec succès, en incluant les personnes qui changent de méthode au bout d'un certain temps. Voir Löwy I., « "Sexual chemistry" before the pill: Science, industry and chemical contraceptives, 1920-1960 », *The British Journal for the History of Science* 44 (2), 2011, p. 245-274. Perfectionnée dans les années 1950 et 1960, cette méthode est reprise par Pincus et son équipe de recherche, qui décident non plus de mesurer les mois où la méthode a épargné une grossesse à une femme, mais de mesurer le nombre de cycles menstruels sans conception, ce qui leur permet de « transformer » le nombre d'observations cliniques sur des femmes, trop restreint pour être publié (quelques centaines de cas), en une grandeur statistiquement satisfaisante (plusieurs milliers de cycles). Voir Marks L. V., *Sexual Chemistry*, *op. cit.*, p. 112.

39 Une brochure publicitaire pour Anovlar 21 affirme ainsi que « la seule défaillance liée à la contraception orale est une défaillance des patientes », 1968, archives de Schering, S1 347/c : Anovlar 21. Une brochure pour la pilule Microlut (Schering) énonce aussi que la petite part d'échecs associés aux œstroprogestatifs dans la prévention des grossesses non souhaitées (indice de Pearl à 0,2) serait liée aux « défaillances des patientes » (*patient failures*), 1972, archives de Schering, 1972, S1 223 : Microlut.

l'utilisation parfaite d'une méthode et son utilisation courante pour évaluer son efficacité[40]. L'épidémiologiste Caroline Moreau et ses collègues montrent que les taux d'échecs contraceptifs, mesurés par les grossesses non prévues qui surviennent alors qu'une méthode a été utilisée, varient selon la méthode : le DIU apparait ainsi plus efficace que la pilule, le préservatif, les méthodes d'auto-observation et le retrait. Les échecs liés à une même méthode fluctuent également en fonction des contextes géographiques considérés : les contraceptifs oraux ont par exemple un taux d'échec *théorique* de 0,3 % sur 12 mois en général, mais un taux d'échec *pratique* de 2,4 % en France, contre 8 % aux États-Unis, suggérant des usages différenciés dans les deux pays. En ce qui concerne son utilisation courante, le préservatif a une efficacité similaire à celle de la pilule en France (3,3 % d'échecs), mais presque deux fois moindre aux États-Unis (15 % d'échecs). C'est le DIU enfin qui possède l'efficacité pratique la plus proche de son efficacité théorique dans les deux pays (entre 0,1 et 2 % d'échecs).

Les circonstances qui peuvent mener à des difficultés d'observance avec les contraceptifs oraux sont nombreuses : il peut s'agir de perturbations dans le rythme de vie, de ruptures biographiques, ou

40 Trussell J., « Contraceptive failure in the United States », *Contraception* 70 (2), 2004, p. 89-96 ; Moreau C. *et al.*, « Contraceptive failure rates in France: Results from a population-based survey », *Human Reproduction* 22 (9), 2007, p. 2422-2427.

même simplement d'un emploi du temps irrégulier[41]. En France, les données de l'enquête « CoCon 2002 » montrent qu'un tiers des grossesses ne sont pas prévues, et que deux tiers de ces grossesses non prévues surviennent alors que les femmes utilisaient une contraception. Or, environ un tiers des grossesses non prévues sous contraception adviennent alors que les femmes prennent une pilule[42].

De manière assez intéressante pourtant, les entreprises pharmaceutiques ne sont pas indifférentes à la question de l'efficacité pratique des contraceptifs et des difficultés d'observance qui leur sont associées : ce point a justement été utilisé pour distinguer les produits dont l'emballage facilitait la prise correcte des autres produits du marché (voir figure 6, page suivante). Ainsi, dès 1963, Ortho met sur le marché sa première pilule, non pas dans la petite bouteille de verre habituellement utilisée pour les médicaments à l'époque (que Searle emploie pour Enovid), mais dans un paquet en forme de roue, évoquant le cycle menstruel et indiquant des repères dans les jours de prise. Searle reprend rapidement ce design lors de la mise sur le marché d'Enovid-E en 1964. La même année, Schering développe pour Anovlar 21 un emballage en

41 Bretin H., *Contraception : quel choix pour quelle vie ? Récits de femmes, paroles de médecins*, Paris, INSERM, 1992 ; Bajos N., Ferrand M. et l'équipe Giné, *De la contraception à l'avortement. Sociologie des grossesses non prévues*, Paris, INSERM, 2002.

42 Bajos N. *et al.*, « Contraception: From accessibility to efficiency », *Human Reproduction* 18 (5), 2003, p. 994-999.

forme de calendrier rectangulaire mentionnant les jours de la semaine, très proche de ceux que l'on trouve aujourd'hui en France et dans le reste de l'Europe. Cet emballage est vanté par l'entreprise comme un premier pas dans la réduction des « défaillances liées aux patientes » et de l'écart entre efficacité théorique et efficacité pratique des pilules[43]. Tout en érigeant l'indice de Pearl comme étalon de mesure de l'efficacité contraceptive et comme élément distinctif des contraceptifs oraux par rapport aux autres méthodes, les firmes pharmaceutiques mettent très tôt en scène le risque d'erreurs dans la prise et les solutions apportées pour la limiter comme un argument de vente pour des produits dont la promotion tient compte de ces difficultés d'observance.

Entre 1960 et 2000, la manière de penser l'efficacité contraceptive et d'en déduire une hiérarchie entre les différentes méthodes disponibles est donc commune à la sphère industrielle et à la sphère médicale. L'amalgame entre efficacité contraceptive et indice de Pearl est ainsi une co-construction des industries et expert·es, car ce qui est déployé comme un argument marketing trouve

43 Une brochure d'Anovlar 21 précise ainsi : « Anovlar 21 sous un nouvel emballage-calendrier prévient la conception sur indication médicale. Jamais plus de complications et d'erreurs. [...] L'introduction de la 21e dragée simplifie le schéma de traitement, il en facilite la surveillance et la notation par la patiente : 21 jours de médication + 7 jours d'arrêt. [...] L'emballage-calendrier mis au point par Schering évite les erreurs. Il guide la patiente au jour le jour et lui permet de contrôler la prise quotidienne. » Brochure publicitaire pour Anovlar 21, 1964, archives de Schering, S1 347/c : Anovlar 21.

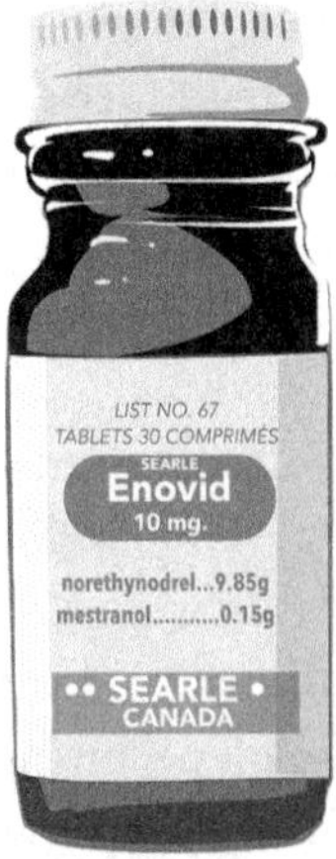

Bouteille en verre
pour Enovid, 1960

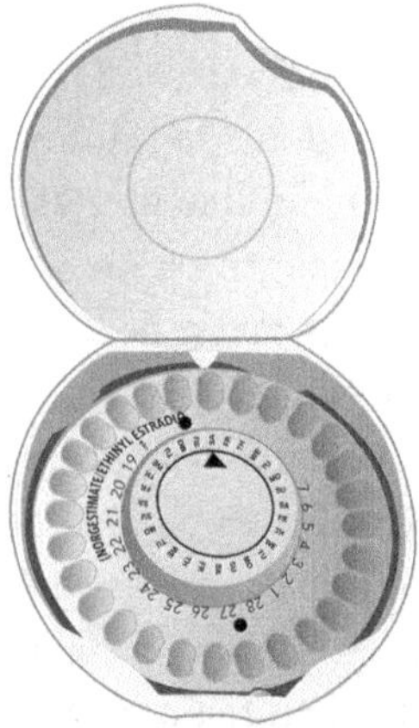

Emballage circulaire breveté
par Ortho, 1963

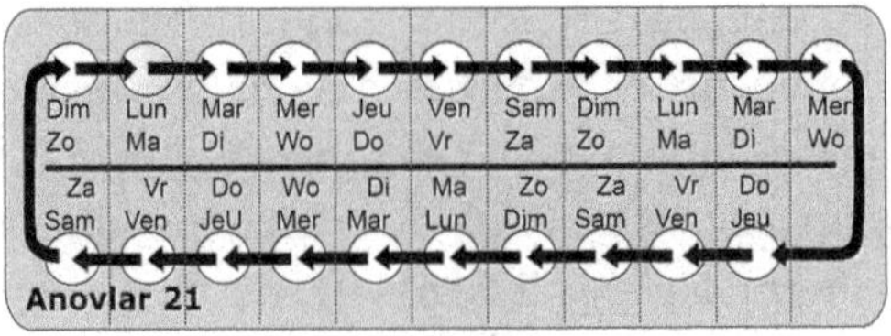

Emballage-calendrier développé par Schering, 1963

Figure 6 : Emballages de différentes pilules (1960-1963)

© Alexandra Roux

une caution médicale, donnant une légitimité forte à l'indice auprès des acteur·ices impliqué·es dans le processus de prescription contraceptive (médecins, utilisatrices, pouvoirs publics, centres de planning). Ce n'est qu'à partir des années 2000 que l'efficacité pratique des méthodes est prise en compte dans les discours de santé publique ou les campagnes contraceptives. Ainsi, pendant de nombreuses décennies, la focalisation sur l'indice de Pearl pour mesurer l'efficacité des contraceptifs a favorisé une hiérarchisation des méthodes au profit de la pilule.

Cette homologie voit son prolongement dans la proximité entre les catégories épidémiologiques que proposent les expert·es et les catégories marketing définies par l'industrie : la « nullipare », les adolescentes, les femmes en ménopause ou périménopause, les femmes « à risque » ou ayant une pathologie empêchant la prise d'œstroprogestatifs classiques en sont autant d'exemples. Si certaines pathologies, comme le cancer du sein, ou certaines pratiques, comme le tabagisme, amènent les expert·es à demeurer prudent·es lorsqu'iels recommandent des contraceptifs oraux, ces affections trouvent toutefois dans la plupart des cas une réponse hormonale, qu'il s'agisse de recourir aux pilules progestatives seules pour les femmes qui fument ou qui présentent un risque d'accident vasculaire, ou de prescrire des micropilules aux femmes en périménopause. Pour chacune de ces catégories épidémiologiques de femmes qui se stabilisent dans les années 1970-1980, il existe des solutions œstroprogestatives ou progestatives, suivant l'idée qu'à chaque catégorie de femme correspondrait une pilule.

Un « marketing du genre » dans l'intérêt des femmes ?

Une promotion des contraceptifs focalisée sur les pilules

Si une diversité de produits contraceptifs sont promus dans les revues médicales à la fin des années 1960 (pilules, DIU, mais aussi diaphragmes, préservatifs, spermicides), au cours des années 1970, les publicités se centrent progressivement sur les pilules et les DIU. Jusqu'au milieu des années 1980, le volume de publicités pour les DIU au cuivre est équivalent à celui des publicités pour des pilules, et les premiers sont tout autant présentés comme un progrès pour la contraception[44] que les molécules hormonales. Au cours des années 1980, alors que les entreprises identifient les pilules comme leur principale source de profits, les publicités pour les DIU disparaissent petit à petit des revues médicales pour laisser une place de choix aux pilules, aux côtés des traitements hormonaux de la ménopause. Initialement, la promotion des contraceptifs oraux auprès des médecins se fait sur le registre purement thérapeutique (voir par exemple la figure 7) : il s'agit de vanter un traitement contre diverses affections gynécologiques (dysménorrhées, endométriose, troubles du cycle, stérilité) qui passe

44 « Nova-T, le DIU conçu pour épouser le corps de la femme », publicité pour le DIU au cuivre Nova-T (Schering) ; « Le progrès rime parfois avec simplicité », publicité pour le DIU Stérilet T cuivre argent.

par le « blocage médical de l'ovulation ». Les publicités mobilisent un registre technique et scientifique, et l'agencement graphique comme le texte visent à soutenir l'idée d'un produit « sérieux », sans danger et efficace[45]. Nombre d'informations sur la composition des produits et leurs divers effets sont présentées, et l'argumentaire, qui insiste sur l'innocuité des produits, prend beaucoup plus de place que les images ou le logo.

À partir du milieu des années 1970, la promotion des pilules s'intensifie et se diversifie. Le marketing orienté vers des consommatrices abstraites fait place à des publicités individualisées en direction de publics cibles définis par l'âge ou l'état de santé et pour lesquels tel ou tel produit est recommandé. Les pilules peu dosées en progestatif sont préconisées pour les femmes jeunes, les pilules normalement dosées pour les femmes en âge de procréer, et les pilules faiblement dosées en œstrogènes sont destinées aux femmes en préménopause. Des climats hormonaux spécifiques font également partie des critères dont les médecins tiennent compte pour conseiller tel produit à telle catégorie de femmes (pilules plus ou moins dosées en œstroprogestatifs ou pilules progestatives seules). Le glissement d'une rhétorique de « la pilule qui convient

45 Une publicité pour Anovlar 21 répète ainsi six fois le terme « assurée » pour lister toutes les vertus du produit, comme si le martèlement permettait de persuader les médecins de sa sûreté. Une publicité pour une autre pilule, Ovariostat, mentionne une « triple sécurité » et une « tolérance inégalée ».

Figure 7 : Reproduction d'une publicité
pour la pilule Anovlar 21 (1968)

© Alexandra Roux

à toutes les femmes » au discours « à chaque femme sa pilule » permet en effet de proposer toute une gamme de produits pour différents segments de marché, d'où la promotion souvent simultanée de plusieurs produits dans une même publicité[46]. Le slogan retenu par la firme Schering en 1973, dans une campagne conjointe pour Microlut et Neogynon, est annonciateur de cette tendance : « Pour chaque femme, Schering a le contraceptif oral approprié. » La plaquette comporte deux volets, l'un pour Microlut : « Pour une minorité : une nouvelle direction dans la contraception orale » ; et l'autre pour Neogynon : « Pour la majorité : Neogynon, l'exceptionnel contraceptif oral. »[47] Schering proclame ainsi l'universalité des contraceptifs oraux, avec l'objectif que même les femmes pour qui ils sont contre-indiqués puissent trouver une pilule qui leur convient.

Au cours des années 1980, les publicités évoluent : les images et le slogan deviennent prépondérants alors que les informations techniques occupent de moins en moins de place. Le marketing pour les contraceptifs oraux de la fin des années 1980 et des années 1990 loue d'autant plus la nouveauté que l'innovation technologique elle-même stagne[48]. L'argumentaire « à chaque femme sa pilule » est appliqué à des segments de marché de plus en plus spécifiques. Ainsi, au seuil des années 2000, les trois leaders du marché mondial des

46 Voir par exemple la publicité pour Stédiril, Minidril et Adépal (Wyeth-Byla) dans *Contraception, fertilité, sexualité* 14 (7), 1986.

47 Campagne conjointe pour Microlut et Neogynon, 1973, archives de Schering, S1 223 : Microlut.

48 Trinordiol : « Une nouvelle étape dans la contraception orale » ; Triella : « Une nouvelle génération de contraceptifs » ; Varnoline : « Un progrès décisif dans la contraception orale » ; Phaeva : « Pilule du "présent-futur" de la femme ».

contraceptifs oraux (Schering, Wyeth et Organon) se partagent l'exploitation d'une vingtaine de marques de pilules destinées à différentes catégories d'usagères en fonction de leur âge, de leur mode de vie (fumeuses...), de leur sensibilité ou non aux effets secondaires des produits les plus fortement dosés de contre-indications particulières (aux œstrogènes...), etc. Le volume de publicités pour des pilules augmente alors considérablement dans la presse médicale[49] et les industries multiplient les supports de promotion. L'arrivée des pilules biphasiques et triphasiques permet de développer un argumentaire « sur mesure » pour chacun de ces produits. Enfin, l'arrivée des anti-acnéiques avec effets contraceptifs permet de commencer à traiter des femmes jeunes qui n'ont pas toujours de relations hétérosexuelles, et d'étendre ainsi le champ d'application des contraceptifs oraux. La promotion des pilules Yaz et Yasminelle au début des années 2000 constitue l'aboutissement de ce foisonnement marketing : en plus de l'information scientifique sur le produit et de publications dans des revues scientifiques, des brochures documentaires diverses s'adressent plus directement aux usagères (« votre nouvelle pilule »). Le *Brand Design Manual* (manuel qui présente la marque) de Yasminelle, une pilule qui cible les adolescentes et les jeunes filles, cite les différents supports

49 Dans *Le Quotidien du médecin*, pour l'année 1995, on dénombre deux à trois publicités par semaine pour des pilules de nouvelles générations ou pour Diane 35, soit presque une tous les deux jours.

promotionnels du produit : publicités et brochures en version papier et DVD, site Internet, objets à l'effigie de la marque (marque-page, règle en plastique, sac de course, fond d'écran de téléphone). Les publicités sont illustrées par des objets censés incarner la modernité et la sophistication : un iPod, une bougie, une bouteille d'eau, une lunchbox[50]. La personnification des pilules est l'autre élément de cette promotion accrue de la marque plus que du produit lui-même : alors qu'auparavant les pilules avaient plutôt des noms de médicaments qui suggéraient la fonction du produit et sa composition, ou rappelaient le nom du laboratoire[51], celles qui sont mises sur le marché à partir des années 1990 ont de plus en plus des noms humains ou s'en approchant (Diane, Jasmine, Cycléane, Harmonet), qui rendent plus facile l'identification de la marque et accentuent l'idée d'un produit complice ou proche des utilisatrices. Les années 2000 connaissent une diversification des produits hormonaux : dans la lignée du DIU à la progestérone et des injections hormonales apparues à la fin des années 1980, les firmes développent de nouveaux modes d'administration des

50 *Yasminelle. Brand Design Manual*, archives de Schering, S1 340 : Yasminelle.

51 « Anovlar » rappelle le mot « anuvolatoire » (littéralement, « qui supprime l'ovulation »), « Stédiril », le terme « stérilisation », « Aconcept », la suppression de la conception ; « Minidril » ou « Microval » évoquent les pilules mini et microdosées, « Trinordiol » ou « Triquilar », la composition triphasique ; quant aux noms « Ovanon » et « Exluton », ils font penser à celui du laboratoire qui fabrique ces produits, Organon.

molécules œstroprogestatives et progestatives, comme l'implant (2003), le patch (2004) et l'anneau (2004). Ainsi, la tendance à la fermeture du marché contraceptif et à la concentration de l'offre sur un seul type de produit se transforme en une diversification innovante des modes d'administration de molécules hormonales déjà existantes, qui évite d'investir dans la mise au point de produits radicalement nouveaux. Ce tournant hormonal de l'offre s'inscrit en fait dans un « marketing du genre » essentialiste.

Un marketing essentialiste

À partir des années 1980, les publicités pour des contraceptifs, notamment pour les pilules de nouvelles générations, se rapprochent de plus en plus de l'esthétique que l'on trouve dans les journaux féminins et ressemblent parfois à s'y méprendre à des publicités pour des cosmétiques ou des parfums (voir figure 8 page suivante). L'image, très travaillée, est prépondérante par rapport au slogan. Des femmes souriantes ou posant nues, signe d'un rapport au corps supposé être libéré, y figurent couramment. Cet élément n'est pas sans lien avec l'autre grande tendance du marketing pour les pilules sur cette période, à savoir l'exaltation d'une nature féminine. Si la nudité ou la célébration de la féminité en elles-mêmes ne sont pas nouvelles dans les publicités pour des contraceptifs[52], l'idée d'un retour à une supposée nature féminine est inédite à la fin des années 1980. Les campagnes promotionnelles vantent ainsi les effets positifs des nouveaux produits, affirmant qu'en consommant ces pilules contre l'acné ou la pilosité, les femmes sont amenées à renouer avec leur féminité. Une publicité pour la pilule Diane (ancêtre de Diane 35) affirme par exemple que la féminité serait « le premier droit de la femme[53] » et la pilule Harmonet clame que l'harmonie (hormonale) est « précieuse pour toutes les femmes ». En reprenant les codes marketing à l'œuvre dans les magazines féminins, où la nudité intime côtoie toutes sortes d'incitations à des soins corporels adressées aux femmes, ces publicités emploient le registre normatif du retour à une essence féminine qui redouble une injonction à la « libération » des corps féminins. Cette « ritualisation de la féminité[54] » a de quoi étonner pour des publicités dans des revues spécialisées à destination

52 Dans les revues gynécologiques, de nombreuses publicités pour des produits contraceptifs ou pour des traitements de la ménopause ou d'infections font figurer dès les années 1970 des corps de femmes nus, parfois pour évoquer le caractère intime des produits, de leur zone d'application, ou de ce qu'ils permettent (sexualité contraceptée). Le corps des femmes est parfois suggéré de manière plus métaphorique, par le biais de fleurs censées représenter des parties du corps (utérus, vulve) ou la sexualité (« Mignonne, allons voir si la rose... » selon le sonnet bien connu de Ronsard), qui rattachent le produit au « féminin », et ancrent ces corps métaphoriques dans le registre du naturel.

53 Publicité pour Diane (Schering) dans *Contraception, fertilité, sexualité* 14 (2), 1986.

54 Goffman E., « La ritualisation de la féminité », *Actes de la recherche en sciences sociales* 14 (1), 1977, p. 34-50.

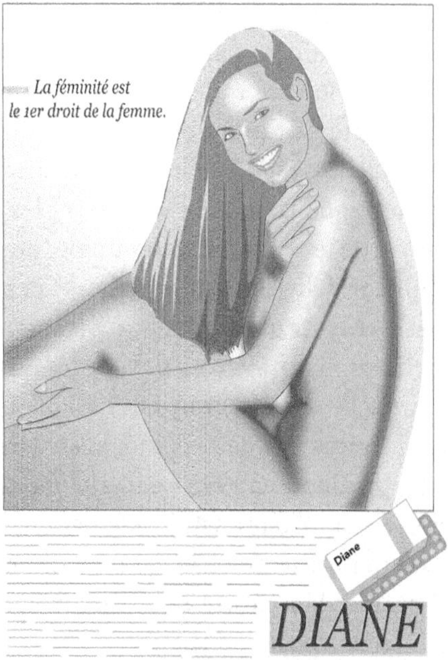

Figure 8 : Reproduction d'une publicité pour la pilule Diane (1968)

© Alexandra Roux

des professionnel·les : elle témoigne du « marketing du genre » qui contribue à une essentialisation des corps féminins. En cela, la pilule telle qu'elle est promue par les industries constitue une « technologie politique de production du genre », qui est historiquement déterminée par les codes de féminité valorisés à telle ou telle époque[55].

55 Grino C., « La pilule : biologisation de la contraception et régulation

Il faut noter le paradoxe de ce registre essentialiste, où il s'agit de restaurer, par la pharmaceuticalisation et la médicalisation, ce qui est défini comme un état pathologique ou une nature défaillante. Alors que les premières publicités pour la pilule Enovid dans la presse étatsunienne promettaient de « libére[r] les femmes » de la nature et de leur condition féminine, en représentant Andromède délivrée de ses chaines[56], ces nouvelles campagnes présentent la pilule précisément comme un moyen de renouer avec sa nature féminine, voire de la restaurer là où elle aurait fait défaut. Une publicité pour un traitement de la ménopause dans la revue *Gynaecology* proclame en 1995 « *natural by design* », que l'on pourrait traduire par « artificiellement naturelle »[57], résumant le paradoxe de ce discours essentialiste qui cherche à recréer la « nature » par l'artifice d'une prise médicamenteuse quotidienne.

Les « bénéfices non contraceptifs » des pilules de nouvelles générations, argument phare du marketing des firmes, sont également mis en avant par certain·es expert·es, comme le docteur A. Il affirme que « la pilule œstroprogestative est le seul contraceptif qui a des bénéfices non contraceptifs non négligeables »,

sociale », *Genre, sexualité et société* 12, 2014, p. 10.

56 Badge publicitaire pour Enovid, Musée de la contraception et de l'avortement, Vienne, Autriche. En ligne : <http://en.muvs.org/contraception/c-media/enovid-badge-id2333/>, consulté le 19 avril 2019.

57 Publicité pour un traitement hormonal de la ménopause (Cycloprogynova, de Schering), *Gynaecology* 3 (1), 1995.

tandis que le DIU peut avoir « des inconvénients qui sont mal vécus par les femmes, comme l'augmentation des règles, la fatigue, la carence en fer, etc. », et que les injections contraceptives, elles, font « tomber les cheveux, donnent des poils, de l'acné et font grossir ». Dans une vision très essentialiste et normative, il conclut que « la place qu'on donne à ce qu'on appelle les bénéfices non contraceptifs dépend beaucoup de la représentation de la femme qu'on a », faisant ainsi écho au discours de l'accomplissement d'une féminité par la pilule promu par l'industrie.

Pour l'industrie pharmaceutique, chaque nouveau produit contraceptif mis sur le marché est l'occasion de rappeler à quel point les firmes sont au service des femmes. Dans le cas de Schering, depuis la première pilule œstroprogestative Anovlar, quand de nombreuses brochures rappellaient que « dans le monde entier, des millions de femmes font confiance aux préparations Schering » et qu'« en France, plus de 100 000 femmes sont déjà traitées chaque jour avec Anovlar 21 »[58], jusqu'à plus récemment où des brochures plus récentes ont célébré « quarante ans de liberté de choisir[59] », l'argument de l'alternative offerte aux femmes est brandi comme preuve ultime de la dévotion du laboratoire à leur égard. Les produits de Schering

58 Brochure publicitaire française pour Anovlar 21, 1968, archives de Schering, S1 347/b : Anovlar 21.

59 « Schering : 40 years Freedom of choice », photographie célébrant les 40 ans de contraception orale chez Schering, avec les 11 marques de pilules sur le marché au seuil des années 2000, archives de Schering, S1 348/1 : OC-Präsentation.

et leurs slogans sont autant d'exemples témoignant des vertus des contraceptifs oraux et du fait que les femmes se situent au cœur des préoccupations de l'entreprise. Qu'il s'agisse de rester « en harmonie avec la nature » avec Gynophase, que la contraception soit « pensée en fonction de chaque femme » (Miniphase), qu'elle permette « d'épouser le corps de la femme » (DIU au cuivre Nova-T), de réaliser le « mieux-être de la femme » (pilule Phaeva), ou encore de revendiquer que « la féminité est le premier droit de la femme », comme vu précédemment dans le cas de Diane 35, les scansions de cette synergie entre femmes et industries pharmaceutiques sont au cœur du marketing pour les pilules.

Ce souci affiché de présenter les laboratoires comme des alliés des femmes ne doit cependant pas faire oublier que l'intérêt de ces entreprises est de vendre des pilules et d'accroitre au maximum leurs parts de marché. Cette ambigüité est perceptible dans les propos de certain·es expert·es proches de l'industrie pharmaceutique, qui présentent la pilule comme un progrès sans ambivalence pour les femmes, tout en reconnaissant l'enjeu considérable que le marché des contraceptifs oraux représente pour les firmes. La valorisation des produits contraceptifs et la défense des bénéfices industriels, présentées comme étant en pleine harmonie avec les intérêts des femmes, s'articulent à une vision très essentialiste de ces dernières, dont il s'agirait sans cesse de restaurer par les hormones une féminité présupposée « naturelle ». Le docteur A s'exprime ainsi au sujet des bénéfices non contraceptifs des pilules :

> Il y a un papier qui le montre, le taux d'abandon est divisé par 2,3 quand il y a un bénéfice non contraceptif à la prise de la pilule. En d'autres termes vous avez un chéri, vous prenez la pilule. Votre chéri s'en va, vous arrêtez la pilule. Parce que la pilule n'est pas liée à l'acte sexuel et c'est bien ça le problème. [...] Eh bien quand une femme a de l'acné, elle arrête 2,5 fois moins sa pilule quand elle est célibataire. Et donc ça lui permet d'éviter d'avoir des IVG quand chéri revient par la fenêtre après avoir été viré par la porte [...]. Quand une femme qui avait mal au ventre pendant ses règles n'a plus de douleurs grâce à la pilule, elle n'arrête pas sa pilule en cas de rupture. Quand vous êtes une femme et que vous avez vous-même souffert soit d'être dépressive avant vos règles, soit d'avoir mal au ventre avant vos règles, soit d'être couverte de boutons, soit de perdre vos cheveux, vous savez écouter les femmes. Ou alors faut être comme moi, devenu à moitié femme, à force de vivre avec.

Pour le docteur A, la nécessité – qu'il identifie comme telle – de ne pas interrompre le traitement contraceptif en cas de rupture conjugale momentanée, pour éviter le risque d'une grossesse mais aussi pour prévenir les pathologies qui affectent naturellement les femmes en raison de leurs cycles menstruels (dépression liée au syndrome prémenstruel, acné, chute de cheveux), justifie la prescription de produits hormonaux qui attachent les femmes à leur traitement. Ce point de vue réaffirme l'idée que le corps des femmes serait par essence pathologique et aurait besoin d'être médicalisé pour fonctionner. Il conforte le sentiment que la promotion des contraceptifs oraux par l'industrie pharmaceutique est principalement dans l'intérêt des femmes. Pourtant, cette glorification de la pilule passe par la diffusion de représentations très stéréotypées d'une féminité associée à des normes de beauté oppressives.

Qu'en est-il alors des réels intérêts des femmes, c'est-à-dire, de ceux que des femmes défendent elles-mêmes ? Quelle place leur est laissée pour qu'elles puissent faire entendre leurs voix ? Les industries pharmaceutiques font-elles droit aux critiques des femmes qui prennent la pilule ?

Conclusion

Les contestations actuelles du recours à la pilule, formulées par le biais de mises en cause des pratiques médicales dans la presse ou dans des pamphlets féministes sur l'arrêt de la pilule[1], provoquent une levée de boucliers dans la sphère médicale et dans certains mouvements féministes. Selon elleux, c'est tout l'héritage de la lutte des femmes pour défendre leur liberté reproductive

1 Debusquat S., *J'arrête la pilule*, Arles, Les liens qui libèrent éditions, 2017 ; Debusquat S. et Joy, *Marre de souffrir pour ma contraception. Manifeste féministe pour une contraception pleinement épanouissante*, Arles, Les liens qui libèrent, 2019 ; Durano M., *Mon corps ne vous appartient pas : contre la dictature de la médecine sur les femmes*, Paris, Albin Michel, 2018.

qui est balayé par ces critiques. De nombreux articles dans la presse souscrivent également à cette analyse en faisant de la pilule contraceptive un symbole de la libération des femmes[2].

Le débat public entre féministes voit s'affronter deux positions : d'une part, celles qui défendent l'avancée remarquable qu'a représentée la pilule pour les femmes et qui considèrent le rejet actuel des contraceptifs oraux comme un retour en arrière, un recul vers une période sombre où ni la contraception ni l'avortement n'étaient légalement à disposition des femmes afin qu'elles puissent librement choisir d'enfanter ou non[3] ; d'autre part, les tenantes d'une distance critique vis-à-vis du monde médical et pharmaceutique, qui s'appuient sur la récente crise médiatique autour des pilules de nouvelles générations pour rejeter la norme contraceptive française.

L'histoire de la conquête du droit à la contraception par les féministes, telle qu'elle est parfois racontée, laisse entrevoir le mythe d'une pilule qui aurait permis à l'ensemble des femmes de sortir de la peur de

2 Braibant S., « La pilule contraceptive, symbole de la libération des femmes, rejetée par les plus jeunes », *TV5 Monde*, 26 septembre 2018 ; Drouelle F., « 1967, la pilule, enfin », *France Inter*, 22 mai 2018. En ligne : <https://www.franceinter.fr/emissions/affaires-sensibles/affaires-sensibles-22-mai-2018>, consulté le 9 août 2018 ; Collectif, « Contraception : quand les femmes boudent la pilule », *Le Nouvel Obs*, 15 mai 2018 ; Lamarzelle D. de, « L'histoire de la pilule qui nous a permis d'être les égales des hommes », *Marie Claire*, 2017.

3 Rouzaud-Cornabas M., *« Alerte à la pilule ». Politiques contraceptives et régulation du risque au prisme du genre*, thèse de doctorat, université Paris-Saclay, 2019, p. 434-456.

l'avortement. Cette lecture assez manichéenne dans laquelle l'adhésion passée à la pilule s'opposerait à son rejet présent postule que les critiques de la pilule relèveraient d'une méconnaissance – ou d'un défaut de mémoire – de la révolution qu'a constituée l'arrivée de la pilule pour le quotidien des femmes. Docteure D, ancienne membre de l'Association nationale des centres d'IVG et de contraception (ANCIC), et membre de la Société européenne de contraception, voit la crise des pilules comme une volonté généralisée de revenir « au naturel », « à des vieilles méthodes » comme celle des « températures ou le préservatif ». Ces femmes, que l'on « voit quelquefois revenir avec des avortements, quand même », suivraient tout simplement l'« air du temps » en rejetant « tout ce qui est artificiel » pour « revenir au bio » ou au « naturel ». Selon elle, ces critiques ont « démotivé les médecins à proposer une contraception », même si elle reconnait que « les femmes sont libres de faire ce qu'elles veulent ». Elle affirme pourtant : « Mais quand on s'est tellement battu·es pour qu'on ait une contraception efficace et que tout d'un coup on vous dit : "Non, non, non, c'est du poison, j'en veux pas...", j'avoue que moi, ça passe mal. » Cette position, loin d'être isolée, révèle l'ambigüité d'une médecin engagée pour la légalisation de l'avortement et de la contraception, qui, alors qu'elle estime la liberté de choix des femmes en matière de régulation des naissances, admet tout de même ressentir une certaine rancœur face aux discours hostiles à ce qu'elle estime être une « contraception efficace ». Ce qui pose également problème, selon elle, c'est que le « retour » à des méthodes jugées moins efficaces laisse planer le risque de devoir recourir à l'avortement, acte techniquement non « grave », mais dont elle pense qu'il est psychologiquement pesant. Les bonnes conditions sanitaires qui permettent aujourd'hui d'avorter sereinement ne l'empêchent pas de mobiliser le vieux spectre d'un avortement repoussoir. Cette ambivalence se retrouve également dans les propos de docteure E, gynécologue et ancienne militante du MLAC, qui affirme que les critiques contre la pilule « dépasse[nt] l'entendement ». Cette médecin associe les méthodes de décompte des jours fertiles ou d'auto-observation à la peur d'être enceinte et de devoir avorter telle qu'elle était vécue par de nombreuses femmes avant l'arrivée de méthodes contraceptives à très grande efficacité théorique. Ce faisant, elle porte un regard critique sur « tout ce truc de nature ». Elle raconte que les femmes lui disent : « "Ah non, j'ai arrêté la pilule..." Alors résultat, elles comptent leurs jours. Je leur dis : "Si vous préférez compter vos jours, trembler tous les 28...", tout ça, plutôt que de tranquillement prendre leur petit comprimé, ça les regarde. La lunaception, la glaire... Pour les femmes de ma génération, c'était tellement un miracle, la pilule, qu'on a du mal à entendre ça, mais il faut l'entendre aussi ! » Le refus d'utiliser la pilule est vécu par cette ancienne militante comme un retour au passé, la contestation réactionnaire d'un acquis durement obtenu, qui représente le combat d'une génération de femmes. Ces deux expertes retiennent ici principalement que les féministes et les femmes se sont battues pour la pilule et non pour le choix contraceptif en général. Cette vision est révélatrice de l'engagement très fort d'une partie des expert·es médicales·aux dans les luttes pour la libéralisation contraceptive et abortive, où l'accent est mis avant tout sur la conquête législative de l'accès aux méthodes médicales.

À l'inverse, plusieurs critiques actuelles des contraceptifs oraux, sans remettre en cause ce qui est considéré comme un acquis des luttes des années 1960 et 1970, portent justement sur la dimension genrée de la médicalisation de la contraception, qui fait peser le travail contraceptif et ses conséquences négatives uniquement sur les femmes[4]. Ces critiques s'inscrivent dans un mouvement féministe plus large de contestation de certaines pratiques médicales considérées comme non respectueuses des femmes[5]. Les travaux actuels sur les méthodes non médicales de contraception tendent à montrer que certaines constituent des réappropriations féministes, offrant plus d'autonomie à celles qui

4 Thomé C. et Rouzaud-Cornabas M., « Comment ne pas faire d'enfants ? La contraception, un travail féminin invisibilisé », *Recherches sociologiques et anthropologiques* 48 (2), 2018, p. 117-137 ; Fonquerne L., « À qui faire avaler la pilule ? Pratiques de soin et inégalités en consultations de contraception », *Émulations. Revue de sciences sociales* 35-36, 2020, p. 65-79.

5 Quere L., « Luttes féministes autour du consentement. Héritages et impensés des mobilisations contemporaines sur la gynécologie », *Nouvelles questions féministes* 35 (1), 2016, p. 32-47.

les mettent que les normes médicales, et loin d'être les pratiques rétrogrades décrites par leurs détracteur·ices.

Ce clivage dans la manière de penser les contraceptifs oraux renvoie à une rupture générationnelle. Nombre de féministes engagées dans les combats pour l'accès aux droits reproductifs font référence à cette fameuse période d'avant la contraception légale, horizon historique presque décrit comme un sombre Moyen Âge, que les générations actuelles de femmes n'auraient pas connu et qu'elles tendraient à oublier. Au contraire, de nouvelles générations de féministes revendiquent le droit de ne pas utiliser les contraceptifs oraux pour lesquels leurs ainées du MLAC, du MLF ou du MFPF se sont battues, au nom du droit des femmes à disposer de leur corps et de l'indépendance par rapport à toute forme de pouvoir (patriarcal, médical). La lutte pour l'autonomie des femmes prend ainsi des formes différentes pour ces deux générations de féministes. La première a bataillé pour le droit à une contraception accessible à toutes les femmes, remboursée, et permettant aux femmes une meilleure maitrise de leur fécondité ; la seconde revendique le droit de considérer la pilule comme un *choix* contraceptif parmi d'autres méthodes.

Cette lecture du débat actuel en termes de conflit de générations doit néanmoins être nuancée. Les critiques adressées aux méthodes hormonales de contraception ne sont en fait pas un phénomène nouveau. Nous l'avons vu, dès les années 1970, différentes voix se sont élevées pour discuter la médicalisation de la contraception, les risques supportés uniquement par les femmes, ainsi que l'absence de partage de la responsabilité contraceptive, mais aussi pour remettre en cause l'idée que la pilule aurait permis une révolution sexuelle univoque. Ces voix dissidentes ne sont pourtant jamais considérées comme partie prenante de l'héritage des luttes pour les droits reproductifs, comme si elles avaient été effacées de la mémoire féministe. En effet, c'est la représentation d'une pilule libératrice qui a triomphé dans les féminismes français, venant conforter plutôt que contester la norme contraceptive française centrée sur la pilule.

Étudier les différent·es acteur·ices qui ont façonné cette norme permet de rompre avec l'approche présentant unilatéralement la pilule comme une « révolution ». Cette conception invisibilise les rapports de pouvoir qui a faire de l'usage de ce produit une évidence. Faire ce « pas de côté » amène à défaire l'évidence, en s'interrogeant sur les conditions sociales et historiques de sa production.

Le « pilulocentrisme » promu par les expert·es s'est historiquement accompagné de l'éviction des autres méthodes contraceptives. Après avoir considéré la contraception comme une panoplie de méthodes permettant d'espacer les naissances et de lutter contre l'avortement avec leurs avantages et leurs inconvénients, les professionnel·les envisagent ensuite la pilule comme la seule méthode contraceptive efficace et sans danger, dans les limites de ses contre-indications, le DIU étant jugé moins efficace et plus risqué pour la fertilité, et les autres méthodes trop peu fiables. Cette définition d'une norme de prescription pilulocentrée conduit notamment à minimiser les effets indésirables de ce produit, ou à les considérer comme normaux et non problématiques. L'industrie pharmaceutique est également déterminante dans la délimitation des catégories mobilisées par les expert·es et dans l'orientation de l'offre contraceptive. Les pratiques médicales et contraceptives reflètent ainsi les intérêts des laboratoires pharmaceutiques, la pilule étant la « vache à lait » du secteur.

Il faut enfin noter le poids des prescripteur·ices – et particulièrement des gynécologues médicales·aux – dans la médicalisation de la contraception en France et dans la primauté donnée aux hormones en ce qui concerne la prescription contraceptive. Ce groupe professionnel a très tôt revendiqué le fait que prescrire la pilule était dans l'intérêt des femmes. Le poids de cette spécialité en France est conséquent puisque c'est à ce groupe qu'a été confiée la responsabilité de la prescription contraceptive, contrairement à d'autres pays où elle est laissée à d'autres professionnel·les.

Enfin, entre le milieu des années 1970 et les années 2000, la norme contraceptive centrée sur la pilule a peu fait l'objet de contestations en France. Si des critiques ont émergé, notamment dans le champ scientifique et dans le champ médical, à la fin des années 1960 et au début des années 1980, elles ne se sont pas traduites par des controverses médicales ou médiatiques, et sont restées sans impact sur les pratiques contraceptives. Alors même que de nombreuses femmes ont toujours exprimé leur insatisfaction face à ce produit, les mobilisations des usagères de contraception sont restées marginales. Cela résulte de la faiblesse des critiques de la pilule au sein des mouvements féministes, entre impensé et refus de contester ce produit jugé libérateur. Les militantes féministes se sont en effet révélées être des alliées de la médicalisation de la contraception en érigeant la pilule comme le symbole des luttes pour les droits reproductifs.

Adopter une perspective historique révèle que des phénomènes décrits comme « nouveaux » ne le sont pas tant. Comme d'autres, certaines tendances actuelles avaient déjà émergé des décennies auparavant : ainsi des critiques de la pilule et de ses effets secondaires à la fin des années 1960 et au début des années 1980 ; ainsi du rejet des hormones dans les années 1980. Cette sociohistoire du succès d'un produit médicamenteux rompt avec une vision téléologique de la supériorité thérapeutique d'une spécialité sur les autres dispositifs disponibles telle qu'elle est promue par une partie des expert·es en contraception. Elle montre au contraire comment la promotion de la pilule et la construction de son efficacité se sont inscrites dans des rapports de pouvoir et se situent au cœur d'enjeux sociaux, médicaux, économiques et politiques.

En établissant la pilule comme seule méthode efficace et recommandable contre le « fléau » des avortements, les entreprises pharmaceutiques, les expert·es et les professionnel·les en France ont participé à genrer les pratiques sociales de régulation des naissances. Le pilulocentrisme autorise durablement les hommes à se garder d'une quelconque responsabilité contraceptive et à faire de la contraception une « affaire de femmes ». De ce point de vue, le fait que la pilule soit présentée comme un outil révolutionnaire de libération à la fois par les revues médicales spécialisées et par les revues féministes témoigne de la réappropriation acritique de catégories médicales et pharmaceutiques par l'espace militant, qui contribue à garantir de très larges profits à l'industrie du médicament.

Finalement, examiner la mise en place de ce modèle contraceptif français permet de comprendre d'autant mieux les ressorts de sa contestation récente à l'occasion de la « crise des pilules » de 2013. Les utilisatrices gagnent de plus en plus de poids dans le débat public car plusieurs phénomènes favorisent leur prise de parole : la montée d'un mouvement du droit des patient·es, la généralisation d'Internet et des réseaux sociaux, et enfin, la contestation du monopole médical sur l'expertise en contraception qui existait jusqu'aux années 2000, par la production et la diffusion de contre-expertises sur la contraception, qui opèrent comme autant de répertoires d'action collective. De plus, la quasi-invisibilité de l'activité des entreprises pharmaceutiques et de leurs intérêts est questionnée à la lumière de plusieurs scandales sanitaires très relayés dans l'espace médiatique, notamment l'affaire du sang contaminé ou celle du Mediator, qui provoquent une « crise de confiance » à l'égard du secteur du médicament[6]. La critique de la médicalisation de la contraception émerge ainsi dans une partie du mouvement féministe actuel en s'appuyant sur une triple contestation : celle de la puissance des laboratoires pharmaceutiques, celle du pouvoir des médecins et, enfin, celle de la naturalisation de la responsabilité contraceptive.

Si ces contestations existent, elles ne se traduisent pas mécaniquement par une remise en cause des pratiques médicales de prescription contraceptive : la pilule reste ainsi la première méthode de contraception en France. Si son utilisation décline depuis le début des années 2000 et plus encore depuis la crise de 2013, c'est le plus souvent au profit d'autres méthodes médicales impactant le corps des femmes (DIU, autres techniques hormonales). La remise en cause de la médicalisation de la contraception dans les mouvements féministes contemporains n'entraine donc pas automatiquement par une « révolution » des rapports de pouvoir entre médecins et utilisatrices de contraceptifs. Toutefois, dévoiler les ressorts de la construction de cette évidence contraceptive et rendre compte des intérêts qu'elle sert constitue une première étape pour permettre de la questionner.

6 Hauray B., « Une médecine détournée ? Influences industrielles et crise de confiance dans le domaine du médicament », *Mouvements* 98 (2), 2019, p. 53-66.

La pilule ne libère pas directement et nécessairement les femmes qui la prennent[7]. Certes, elle leur permet une meilleure maitrise de l'impact de la sexualité sur leur corps en favorisant une meilleure prévention des grossesses non souhaitées. Toutefois, comme toutes les technologies contraceptives, son aspect libérateur dépend de l'usage qui en est fait et du contexte dans lequel elle est utilisée. Si le recours à la pilule s'inscrit dans le cadre d'une réelle remise en cause des rapports de genre inégalitaires au sein du couple, c'est-à-dire qu'il est soutenu par d'autres mesures telles que des lois garantissant l'autonomie économique des femmes, l'augmentation de leurs salaires, ou encore par des dispositifs de lutte contre les violences conjugales ou de défense des droits des femmes au sein du couple et de la famille, alors il peut, lorsqu'il est le choix des femmes, être émancipateur. Au contraire, si les méthodes contraceptives sont une contrainte ou une technique supplémentaires de contrôle social de la sexualité et des corps des femmes, elles ne sont plus une liberté. Faire la genèse de l'évidence que représente la pilule en France dévoile ainsi toutes les ambivalences d'une méthode promue « par amour des femmes ».

7 Grino C., « La pilule : biologisation de la contraception et régulation sociale », *Genre, sexualité et société* 12, 2014.

Achevé d'imprimer en septembre 2022
sur les presses de la Nouvelle imprimerie Laballery
Dépôt légal octobre 2022
N° d'impression : 204339